Paul Reinhold Linn

Strategisch
Möbel verkaufen II

Das GeniusKonzept®
Plausibel und einfach – genial im Ergebnis

Der rote Faden für Ihr erfolgreiches Verkaufsgespräch

für einen großartigen Verkäufer und Freund

Fritz Grube

1. Auflage 2010

Vorwort Herr Günther Böhme

Seit mehr als 10 Jahren gehört der Autor des vorliegenden Buches zu einem der derzeit besten Verkaufstrainer im Möbel- und Küchenbereich, die man im deutschsprachigen Raum finden kann. Bereits vor fünf Jahren erhielt ich ein erstes Exemplar seines Buches „Strategisch Möbel verkaufen" und war so sehr beeindruckt, dass wir in unserer Verbundgruppe ebenfalls ein Buchprojekt mit Herrn Linn realisieren ließen: Der VME-Trainer.

Paul Reinhold Linn ist ein Mann klarer Worte. Das polarisiert – viele mögen ihn und viele bewundern ihn.

Muss man ihn mögen? Das kann jeder so halten wie er möchte. Was ich auf jeden Fall empfehlen kann: Sie sollten ihn kennen! Bei uns schätzen wir ihn, weil er in seiner Arbeit keine Kompromisse macht. Er fordert viel – aber er gibt uns auch alles, was er zu bieten hat. Das sind seine Leidenschaft als Verkäufer, seine Power und Motivation als Trainer und nicht zuletzt schlägt immer wieder durch, dass er ein wahrer Menschenfreund ist.

Wie immer, wenn man ein Mann der klaren Worte ist, gibt es Menschen, die einen bewundern oder eben nicht bewundern. Paul Reinhold Linn ist ein solcher Mann.

Muss man ihn mögen? … Zugegeben, dies ist keine leichte Frage. Kennen aber sollte man ihn! Wir schätzen ihn alle sehr wegen seiner so deutlichen Worte. Er ist ein Mann, der polarisiert. In seiner Arbeit macht er keine Kompromisse. Und er fordert viel, sehr viel! Und genau dafür gibt er uns alles was er hat. Seine Leidenschaft als Verkäufer, seine Power und Motivation als Trainer und nicht zuletzt rührt er uns alle an als Menschenfreund.

Dieser Mann spricht in Bildern, seine Seminare leben von Bildern. Und das Beste ist, er hat Erfolg!

Das vorliegende Buch ist ein Verkäuferhandbuch aus der Praxis für die Praxis! Dieses GeniusKonzept® hat den besten Verkäufern in der Branche auf die Finger geschaut und Wissen und Methode aufgenommen.

Wer Herrn Linn kennt und ihn erlebt hat, der weiß, dass dieser Mann nicht aus Theorie denkt, lebt und arbeitet, sondern die nachvollziehbare These vertritt, dass im Verkaufen niemand aus Fehlern klug wird! – Wir lernen ausschließlich nur von Kollegen, die besser, effizienter und erfolgreicher arbeiten, als wir es tun. Dies ist keine Kritik an uns, sondern vielmehr Ansporn an alle, die noch etwas vorhaben.

Denn logisch betrachtet, hat er Recht. Die Kunden, die wir nicht begeistern und überzeugen können, geben uns keine Tipps. Sie sagen uns nicht, was wir anders machen sollten.

Also, liebe Leserinnen und Leser, lassen Sie sich anzünden. Ich habe bereits das Manuskript gelesen und mich köstlich amüsiert. Wieder einmal ein echter Linn. Dem Autor wünsche ich mit dem vorliegenden Buch alles Gute und viel Erfolg. Ihnen wünsche ich viele Anregungen, viel Spaß und eine lehrreiche Zeit!

Bielefeld, den 6. April 2010
Ihr Günther Böhme

Geschäftsführung
VME-Vereinigte Möbel-Einkaufs-
GmbH & Co. KG

Vorwort von Robert Andreas Hesse

Sehr geehrte Leserinnen und Leser,

mir ist es eine große Freude und eine große Ehre, ein Vorwort für dieses Buch von Paul Reinhold Linn schreiben zu dürfen. Ich selbst habe Herr Linn in vielen Verkaufsschulungen und Seminaren erleben dürfen und kann ihnen versichern, dass er ein brillanter Trainer ist. Nach Studium dieses Buches füge ich hinzu: Er wird auch seinem Ruf als sehr guter Autor gerecht!

Paul Reinhold Linn schafft es, seine ungeheuer lebendige Art aus den Seminaren, wieder einmal in ein Buch zu bannen. Unsere Mitarbeiter und die Führungsmannschaft konnten uns in den letzten Jahren regelmäßig von seinen Seminarqualitäten überzeugen. Wir sind uns in unserem Hause einig: „Training vom Feinsten!"

Wenn Herr Linn loslegt, dann gibt es zu keiner Zeit Längen oder Durchhänger. Sicher liegt es auch an der Nähe zu den Verkäufern. Das ist alles andere als distanziertes Dozenten-Tun. Die Verkäuferinnen und Verkäufer spüren sofort, dass es ihm in seiner Seminararbeit nicht nur um die Verkaufstechnik und um Leistungssteigerungen geht, sondern vielmehr um ein Gesamtpaket aus Persönlichkeit des Verkäufers, seiner eigenen Einstellung, seiner Stimmungen und Emotionen und schlussendlich auch aus Strategien, die zu mehr Erfolg führen.

Erfolg hat immer tausend Väter. Keine Frage. Ganz sicher ist aber auch: Herr Linn ist ein Erfolgsmensch, der andere mitreißt, motiviert und begeistern kann. Genauso wie dieses Buch seinen Leser fesselt und den Wunsch nach mehr Erfolg weckt.

Das vorliegende GeniusKonzept® verhilft Ihnen zu deutlich mehr Know-How, Motivation und neuen Impulsen, um in einem stetig enger werdenden Marktsegment führend zu werden oder führend bleiben zu können. Meine und unsere Erfahrungen belegen das nachdrücklich.

Ihnen wünsche ich eine ertragsreiche Lektüre dieses Buches. Lassen Sie sich von Linn anstecken und nehmen Sie jede Menge mit in Ihre zukünftigen Verkaufsgespräche. Wie heißt es ebenfalls so schön: „Der Erfolgreiche macht da weiter, wo der Erfolglose aufgibt!"

Das Buch wird Ihnen eine große Hilfe dabei sein. Viel Erfolg.

Garbsen, im April 2010
Ihr Robert Andreas Hesse

Geschäftsführung
Möbel Hesse GmbH

Was glauben Sie eigentlich? – Kein Kunde kommt, um zu sparen!

Was für ein Jahr! Was haben wir alle gezittert und gebangt vor 2009. Noch vor einem Jahr hat uns unsere Bundeskanzlerin vorhergesagt, dass nicht nur die Konjunktur einbrechen würde, sondern vielmehr gerade in den Monaten April und Mai 2009 es besonders schlimm in Sachen Rezession kommen werde. Renommierte Wirtschaftsinstitute sagten unabsehbare Einbrüche im Konsumverhalten der Bundesbürger voraus. Und nun, was ist geschehen? Wie haben sich unsere Absatzzahlen entwickelt?

Wir haben uns *gegen* jede Erwartung auch im Jahr 2009 steigern können! Ist das nicht genial?

Also, was glauben Sie eigentlich: Wie wird das kommende Jahr 2010? Was kommt in 2011 auf uns zu? … Sie lesen richtig! Ich frage Sie ernsthaft, was Sie eigentlich glauben?

Noch besser, um es konkreter zu fassen: Was glauben Sie, warum kommt ein Kunde in Ihr Haus? Möchten Sie es noch intensiver? Also: Was glauben Sie, warum kommt ein Kunde in Ihr Haus und kauft bei Ihnen ein?

Warum kauft ein Kunde vielleicht nicht sofort ein, aber warum soll er wieder in Ihr Haus zurück kommen? Was glauben Sie?

Schauen Sie einmal genau hin, dann fällt Ihnen auf, dass es in Deutschland alleine 9.990 (Stand: 2007, Statistisches Jahrbuch 2010, Holzmann Verlag) Verkaufsstellen für Küchen gibt! In Küchenstudios und Möbelhäusern werden unsere Kunden mit Küchen beinahe überflutet.

Also: Hand aufs Herz: Warum soll der Kunde ausgerechnet zu Ihnen kommen und alle anderen Anbieter ignorieren?

In einem Seminar erhielt ich einmal eine Antwort: »Das ist doch völlig egal, was ich glaube. Hauptsache die Kunden kaufen!« Auf den ersten Blick ist dies eine entwaffnende Antwort. … Tatsächlich ist es so, dass es Kunden gibt, die beinahe unabhängig vom Verkäufer und seiner Befindlichkeit schlichtweg einkaufen. Es gibt Kunden, die lassen sich nicht abschrecken! Und wenn es für Sie ebenfalls ausreichend ist, dass solche Kunden kaufen, dann soll es mir Recht sein.

Und soll ich Ihnen etwas sagen – besser noch schriftlich geben? … Die allermeisten Unternehmer, Unternehmerinnen, Verkäufer und Verkäuferinnen können auf diese Frage: »Warum soll ein Kunde in mein Haus kommen?« keine Antwort geben!

Vielleicht denken Sie noch, dass dann möglicherweise die Frage selber nicht sinnvoll genug wäre? Denn so viele Akteure können sich nicht irren. Diese Kollegen verkaufen doch ganz ordentlich. … Doch, sie können irren!

Sind Sie auch einer von denen, die glauben, dass ein Mehr an Umsatz in Ihrem Unternehmen nicht mehr möglich ist? Glauben Sie, dass Sie und Ihre Mitarbeiter wirklich alles an Möglichkeiten ausgeschöpft haben?

Für den Fall, dass Sie wirklich glauben, das da nicht mehr zu steigern ist, für diesen einen Fall legen Sie bitte das Buch einfach zur Seite! … Wenn Sie allerdings den Verdacht haben, dass da eigentlich noch etwas zu machen und zu schaffen sein sollte, dass längst noch nicht alle Möglichkeiten ausgereizt sind, dann sind Sie herzlichst zur Lektüre dieses Buches willkommen.

Im Jahr 2008 kauften unsere Kunden im Küchen- und Möbelhandel Waren im Gesamtwert von 30,8 Milliarden Euro ein. Für das Jahr 2009 beträgt dieser Umsatz 29,71 Milliarden Euro; - trotz Krisenstimmung!
Nach Auskunft der BBE Handelsberatung mit Sitz in Köln gibt der Kunde in Deutschland lediglich nur 70% seines gesetzten Budgets beim Küchen- oder Möbelkauf aus. … Ja, denken Sie einmal nach, was dies nur bedeuten kann! … Genau dies: Der Kunde hat zwar rund 30 Milliarden Euro in unsere Häuser gebracht, dafür aber im gleichen Zuge immer noch satte 12,8 Milliarden (12.800.000.000 … Die Zahl muss man einfach einmal betrachten, um zu begreifen, wie wahnsinnig viel Geld uns verloren geht) dann doch nicht ausgeben wollen und zurückbehalten! Mit anderen Worten: Der Kunde hat

noch bis vor der Eingangstüre zu unserem Handelshaus 30% mehr Geld ausgeben wollen. Irgendwer und irgendetwas haben ihn davon abgebracht. Das steht eindeutig fest.

Kann es sein, dass wir so sehr das Einkaufsverhalten unserer Kunden einzuschätzen wissen, dass wir nicht mehr mit ihm über seine Wünsche und sein eigentliches Budget sprechen müssen?

30% geht uns verloren, weil wir es besser als unsere Kunden zu wissen glauben. Ist das so? … Denken Sie einmal, was es konkret für Sie in Ihrem Unternehmen bedeuten würde, wenn Sie für nächstes Jahr Ihren Umsatz und damit auch Ihren Ertrag um 30% steigern wollten. So viel steht fest: Ihre Kunden würden Sie gerne bei Ihren ehrgeizigen Zielen unterstützen wollen. Warum? … Weil es dafür eine umwerfende Küche gibt! Was sonst.

Kennen Sie das? Da besprechen Sie mit einem Kunden seine Küche und planen mehrere Stunden mit dem Kunden. Er lässt Sie den Preis kalkulieren, und dann fragt er Sie: »Warum soll ich die Küche eigentlich bei Ihnen kaufen?« … Na, wie oft fragt der Kunde so direkt?

Gar nicht? Selten? … Vielleicht „fragt" der Kunde etwas subtiler: »Herr Verkäufer, Danke für Ihre Arbeit und das Angebot. Jetzt werde ich mir aber noch ein Vergleichsangebot einholen. Sicher ist sicher!« … Na, wie oft hören Sie so etwas? Wie oft kündigt der Kunde an, dass er noch Ihre Ausarbeitung vergleichen und er noch zu anderen Anbietern will?

Stellen Sie sich einmal vor, Ihr Kunde, der Ihnen ankündigt, Sie vergleichen zu wollen, sei mündig und müsse Sie nicht um Erlaubnis fragen, Andere in den Vergleich mit einzubeziehen. Wozu also kündigt er an, noch andere Anbieter hinzuzuziehen?

Ein Beispiel aus dem Leben verdeutlicht sehr gut, worum es hier psychologisch geht: Denken Sie sich ein Paar in fester Beziehung. Eines Tages eröffnet beispielsweise die Frau dem Mann: »Du, ich muss Dir etwas sagen! Ich habe einen anderen Mann kennengelernt und ich möchte ihn wiedersehen!« … Was glauben Sie, warum oder besser noch wozu eröffnet die Frau Ihrem Mann diesen Umstand?

Einmal angenommen, der neue Mann sei ein so unglaublich guter und großartiger Mann. Und weiter angenommen, der „alte" Mann sei austauschbar. Wozu sollte diese Frau ihrem Mann gestehen, dass da jemand auf sie wartet?

Wenn die Frau wild entschlossen wäre, den Mann fürs Leben zu wechseln, so würde sie dem „Alten" gar nichts stecken. Sie würde bis zum letzten Augenblick und dann auf einen günstigen Moment warten, bis sie zur Tat schreiten und zum anderen wechseln würde, oder?

Kann es sein, dass diese Frau deswegen den Mann ins Bild setzen möchte, weil sie *indirekt* damit fragen will: »Erkläre Du mir bitte, was uns (noch) verbindet?«

Und jetzt begreifen Sie sofort, warum die meisten „betrogenen" Partner den „Reisenden" nicht aufhalten können. Denn wenn nun der Mann in unserem Beispiel das tut, was alle tun, dann wird er etwa so reagieren: »Wie kannst Du *mir* das antun? … Warum gerade *ich*? … *Ich* bin verletzt! … Wenn Du jetzt gehst, dann brauchst Du nicht wieder kommen!« …

Denken Sie weiter: Wenn die Frau wissen wollte, was aus Sicht des Mannes sie beide verbinden würde, und sie jetzt nur erfahren würde, wie „verletzt" er sei. Was würde sie über die Bindung an sich erfahren?

Statt zu begreifen, dass es der Frau auch nicht gut bei dieser Sache geht (sonst würde sie doch nichts erklären wollen), reagiert dieser betroffene Mann mit der moralischen Keule und nennt und kennt womöglich kein einziges Merkmal, was die beiden verbindet. … Merken Sie etwas?

Sie fleht förmlich: »Sag Du mir doch bitte, was uns aus Deiner Sicht jetzt und in Zukunft verbindet und verbinden kann. Ich habe uns aus den Augen verloren. Ich bin haltlos. Bitte helfe mir, die richtige Entscheidung zu finden!« …

Und jetzt übertragen Sie dieses Beispiel auf Ihren Küchenhandel. Der Kunde, der einen anderen Lieferanten *vor Ihnen* ins Spiel bringt, wolle lediglich nur wissen, was aus Ihrer Sicht das unschlagbare Argument zur Zusammenarbeit ist. Wie wird es dem Kunden in Ihrem Hause ergehen? Sind Sie und Ihre Mitarbeiter auf diese Fragestellung des Kunden wirklich vorbereitet? Warum soll der Kunde bei Ihnen kaufen?

Wir haben Möbel im Blut

19

Frau Kundin, Herr Kunde, schauen Sie doch mal: Unsere Vermutungen konnten sich tatsächlich durch neueste Untersuchungstechniken der Wissenschaft bestätigen lassen: Neben den üblichen XX-Chromosomen bei den Damen und XY-Chromosomen bei den Herren haben wir in 50.000facher Vergrößerung nunmehr ein „M-förmiges" zusätzliche Chromosom bei unseren Küchenverkäufern gefunden!

Schauen Sie einmal. Das ist der Beweis: Wir haben Möbel im Blut!

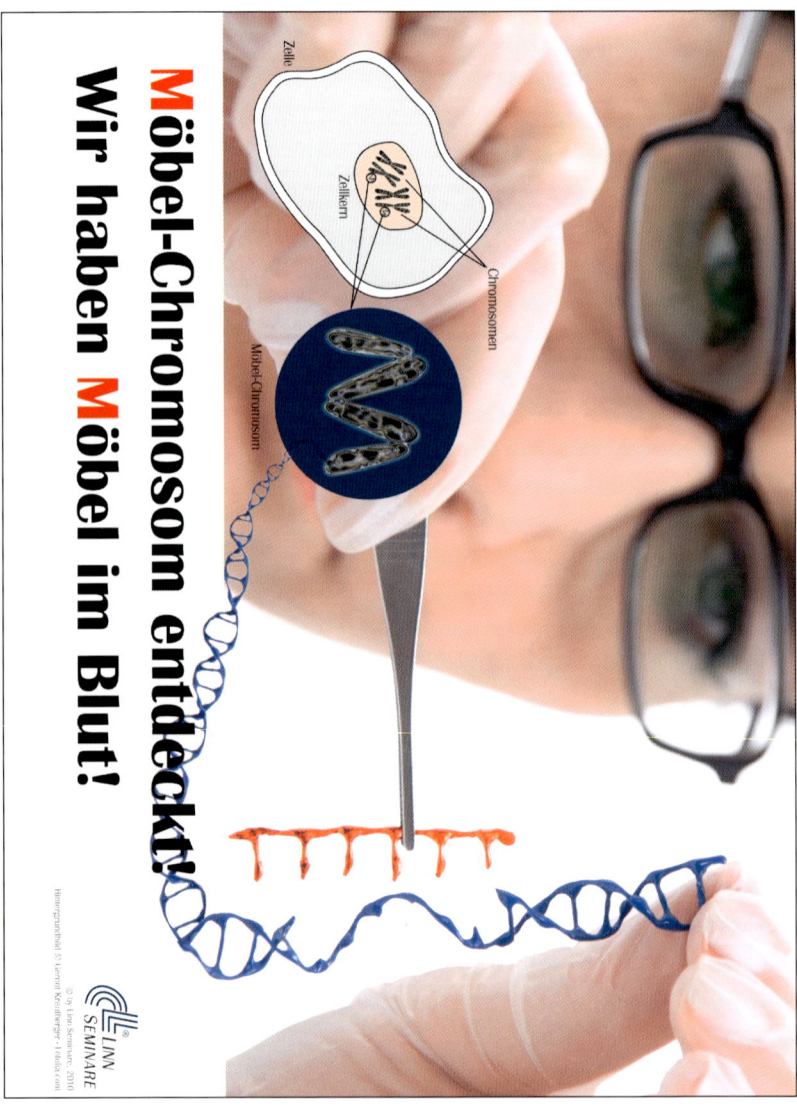

Warum soll der Kunde in unser Geschäft kommen?

Ob Sie mir dies nun glauben oder nicht, aber tatsächlich sind in allen Seminaren die Teilnehmer gerade mit dieser Frage am allermeisten überfordert. Können Sie sich das vorstellen? Ja, wenn denn diese Frage nicht wesentlich für den Erfolg – Ihren Erfolg – ist, welche Frage denn dann?

Also dann wird gearbeitet: Machen Sie die folgende Übung bitte schriftlich! Schreiben Sie sich auf, an welcher Stelle, bei welchem Angebot oder welcher Dienstleistung Sie tatsächlich besser sind, als Ihre Mitbewerber. Gibt es Produkte, die nur Sie haben? … Haben Sie womöglich Produkte, die in Ihrer Nachbarschaft von anderen Studios nicht angeboten werden können? Gibt es Produkte, die Sie alleinstellen können?

Eine Alleinstellung ist tatsächlich Geld und Gold wert. Nehmen Sie einmal an, Sie hätten keine Alleinstellung, dann verkaufen Sie lediglich nur noch über den Preis. Wollen Sie das? Oder anders: Hätten Sie dabei eine Chance?

Können Sie unternehmensseitig etwas als Alleinstellungsmerkmal dem Kunden bieten? Gibt es Zusagen, z.B. in Sachen Garantieverlängerungen, die andere so nicht machen? Oder können Sie diese Zusagen zu anderen Konditionen anbieten? … Gibt es spezielle Serviceleistungen, die andere nicht können? … Beispielsweise fällt mir auf, dass die allermeisten Anbieter von sich aus keine lebenslange Supportzusage anbieten. Das können Sie doch leisten, oder? Sagen Sie dem Kunden eine lebenslange Versorgung zu! »Herr Kunde, unser Haus bietet auf diese Küchen einen lebenslänglichen Service an. Wann immer einmal etwas nicht in Ordnung sein sollte, und wenn es erst nach 10 Jahren oder länger der Fall sein kann, so sind wir sofort zur Stelle und reparieren oder tauschen aus zum Selbstkostenpreis! … Wir haben Küchen im Blut!«

Oder kann es sein, dass Sie vielleicht persönliche Alleinstellungsmerkmale leben und anbieten? … Denken Sie doch einmal darüber nach! Kann es sein, dass man nur wegen Ihnen bei Ihnen einkaufen möchte? Persönlich kenne ich ein großes Küchenstudio in Siegen. Da kommen Kunden von Köln, Bonn, Düsseldorf, Dortmund und andere Städten nach Siegen gefahren, um dort ihre Küche zu kaufen. Warum? Weil es in der Mannschaft der Monteure einen »Gott des Hobels« gibt. Der Mann kann alles, arbeitet still und besonnen. Und die Kunden sind reihenweise begeistert und erzählen und empfehlen Ihn (!) weiter! Glauben Sie mir, es gibt in Köln, Bonn, Düsseldorf und Dortmund beispielsweise sehr viele und sehr gute Küchenstudios. Und dennoch, die Kunden kommen nach Siegen und lassen sich vertraglich zusichern, dass besagter Monteur die Montage durchführen wird. Unglaublich, oder?

Leuchten Sie nachts im Dunkeln?

Was macht Sie, was macht mich besonders? Welche innerseelischen Eigenschaften oder Eigenarten machen Sie, machen mich einmalig?

Vor einigen Jahren erhielt ich während eines zweitägigen Seminars in einem mittelständischen Unternehmen die schönste Antwort auf diese Frage: »Was macht Sie aus?« In diesem Seminar ging es unter anderem um Kommunikation und Kundenorientierung. In mehreren Arbeitsgruppen wurden verschiedene Grundsatzfragen zu Produkten, dem Unternehmen und den Mitarbeitern erarbeitet. Und so war eine Gruppe mit der Frage beschäftigt, welche Besonderheiten dem Kunden in der Zusammenarbeit mit den Mitarbeitern geboten werden können.

Interessant ist übrigens, dass (bisher) im Marketing der Begriff des *Alleinstellungsmerkmals* nur für Produkte, wenig für Unternehmen und überhaupt nicht für Menschen herangezogen wird.

So ist beispielsweise ein Patent ein klassisches Alleinstellungsmerkmal für ein Produkt. Stellen Sie sich vor, es gäbe eine Kaffeetasse mit drei Henkeln. Und würde dieses Produkt nur von einem Hersteller produziert, dann wäre dieses Produkt *Tasse* ein Alleinstellungsmerkmal für diesen Hersteller. Würde dieses Unternehmen diese Tasse auch noch in einem bisher nie da gewesenen Verfahren herstellen, so wäre dieses Verfahren ebenfalls ein Alleinstellungsmerkmal für das Unternehmen. Oder die Art und Weise der Mitarbeiterführung könnte in diesem Unternehmen einmalig und damit ein Alleinstellungsmerkmal sein.

In diesem oben erwähnten Seminar ging es nun konkret um die Entwicklung *unserer persönlichen Alleinstellungsmerkmale.* Vielleicht wirkt diese Wortschöpfung auf Sie zu technokratisch?

Ziel dieser Entwicklung der **persönlichen Alleinstellungsmerkmale** war die mindestens gleichwertige Gegenüberstellung der Ergebnisse mit denen aus produkt- und firmenbezogenen Alleinstellungsmerkmalen.

Denn in jedem Unternehmen wird an der Positionierung des Unternehmens und der Produkte am Markt fortwährend gearbeitet. Oft wird dabei der einzelne Mitarbeiter in seinem Verhältnis zum Kunden schlichtweg übersehen.

23 –

Nachdem die ersten beiden Gruppen ihre Ergebnisse vorgetragen hatten, kam die dritte Gruppe an die Reihe. Ein Kollege aus diesem Team nahm Kärtchen und stellte einzeln die gefundenen Attribute vor: Da wurden Nennungen wie Fleiß, Sorgfalt, Ausdauer und Ehrlichkeit vorgestellt. Und wenn ich ehrlich sein darf, ich hörte nichts Unerwartetes, alles Bisherige entsprach dem Üblichen.

Aber dann: Mitten in seiner Präsentation stockte dieser Kollege und hielt inne. Er legte seine Kärtchen beiseite und stand noch einen Augenblick lang wortlos da.
Dann sagte dieser Mann: »Ich bin ein Leuchtturm!« Erst noch recht zögerlich, dann wiederholte er den Satz deutlich lauter: »Ich weiß es, ich bin ein Leuchtturm!«

Einige der anderen Teilnehmer reagierten irgendwie verlegen amüsiert. Er sprach weiter: »Ich stehe fest in der Brandung. Und wenn man vor lauter Gischt die eigenen Hände nicht mehr vor Augen sehen kann, dann gebe ich den Menschen, die mir nahe sind, Orientierung. Bei Wind und Wetter stehe ich gerade und weiche keinen Millimeter. Meiner Familie, meinen Freunden und meinen Kunden bin ich fester Halt!«

Stellen Sie sich bitte einmal vor, *wen* Sie plötzlich vor sich sähen, wenn Sie einen Menschen treffen würden, der von sich sagt, dass er ein Leuchtturm sei?

Und wenn ich damals einen Hut im Seminar dabeigehabt hätte, ich hätte ihn sofort vor diesem Mann gezogen. Schöner, dichter, vielleicht sogar poetischer hätte die Antwort nicht sein können.

– 24

Das sind Momente, in denen keiner mehr lacht, niemand mehr grinst. Mir lief damals die Gänsehaut rauf und runter. Und das tut es auch heute noch, wenn ich in Seminaren über dieses *wunderbare* Erlebnis berichten darf.

Investieren Sie etwas Zeit

Bitte nehmen Sie sich einmal vor, in den nächsten Tagen, nachdem Sie dieses Kapitel gelesen haben, sich für ein oder zwei Stunden aus dem Trubel des Alltags abzusondern. Setzen Sie sich an einen ruhigen Ort. Schalten Sie das Handy aus, stöpseln Sie das Telefon aus der Wand, kein Radio, kein Fernsehen, nichts soll Sie ablenken.
Nehmen Sie sich dann ein Blatt Papier und einen Stift und sammeln Sie alles, was Ihnen zu Ihrer Person einfällt. Notieren Sie Eigenschaften, von denen Sie spüren, dass man Sie an diesen Eigenschaften erkennen würde.
Achten Sie bitte unbedingt darauf, dass Sie nicht zu bescheiden sind. Trauen Sie sich, schreiben Sie alles auf, was Ihnen in den Sinn kommt.

Ganz wichtig ist auch, dass Sie dieses Papier nur für sich erstellen. Zeigen Sie es niemandem. Schlimmstenfalls verstricken Sie sich in Diskussionen, die Ihnen nicht weiterhelfen werden.

Vielleicht ist das Blatt nach einer halben Stunde immer noch leer, na und? Macht nichts, das ist völlig *normal*. Bleiben Sie hartnäckig am Ball.
Möglicherweise schreiben Sie etwas auf, das Sie schon drei Tage später wieder verwerfen werden. Kann alles sein. Ergänzen Sie nach Herzenslust, wann immer Sie möchten. Sie werden erleben, dass sich Ihr Leben im Sinne von *Bereicherung* verändern wird.

Und was tun, wenn es überhaupt nicht funktioniert?

Lassen Sie die Flügel nicht hängen. Weihen Sie Ihre beste Freundin, Ihren besten Freund ein. Fragen Sie nach: „Was schätzt du an mir besonders?"

Oder fragen Sie Ihre Eltern. Achten Sie bei der Auswahl der Menschen, die Sie fragen möchten, darauf, dass sie Ihnen wohlgesonnen sind. Denn diese Übung soll Sie aufbauen und ein wenig zum *Leuchten* bringen. Vielleicht werden Sie noch lange kein Leuchtturm werden – aber schon bald ganz sicher ein Glühwürmchen!

Es gibt keine bessere Investition in Ihr Selbst als die Suche und das Finden Ihrer Einmaligkeit. Ihre Kunden werden es Ihnen tausendfach danken.

Ein kleiner Gedanke noch zum Siegen: Wer siegen will (und attraktiv sein will!), muss auch kämpfen wollen. Nicht gegen jeden und nicht gegen den Rest der Welt, vielleicht nur mit sich selbst, mit der eigenen Bequemlichkeit? Es gibt Unzählige, die die Welt verändern wollen, aber nur bei sich selbst fangen sie nie an!
Noch einmal Roman Polanski:

> »Wer eine Schlacht gewinnen will,
> muss denken, dass er der Sieger ist.
>
> Man kann eine Schlacht auch verlieren,
> wenn man denkt, man ist der Sieger.
>
> Aber man kann nie und nimmer gewinnen,
> wenn man sich für einen Verlierer hält.«

Wir lernen aus unseren Fehlern?

Es gibt ein sehr hartnäckiges Märchen, welches sich schon seit vielen Jahrzehnten hält und von Generation zu Generation weiter gegeben wird. Das Märchen lautet: »Wir lernen aus unseren Fehlern!«

Denken Sie sich nur einen Verkäufer, der einen Kunden im Küchenstudio bedient und berät. Nach 1½ Stunden verlässt der Kunde das Studio und kommt nicht wieder. Was könnte nun unser Verkäufer lernen? Was ist eigentlich passiert? Und wenn Sie schon dieses kleine Beispiel genau betrachten, so kann der Verkäufer noch gar nicht wissen, ob überhaupt etwas passiert ist! Denn erst in den nächsten Tagen wird er bemerken können, dass der Kunde tatsächlich nicht wiedergekommen ist. … Und wenn er erst in einigen Tagen diesen Umstand realisieren kann, wie soll er sich dann auch noch an das konkrete Gespräch erinnern? … Aber selbst wenn er sich erinnern könnte, was hilft es ihm?

Ja, wir machen alle Fehler! Das stimmt. Das scheint besonders menschlich zu sein. Und immer wieder scheint uns das Leben zu lehren, dass wir aus Fehlern klug würden.

Sie heiraten zweimal hintereinander den gleichen Frauentyp. Es geht schief. Was lernen Sie daraus? … Nichts! Denn Sie wissen ja gar nicht, was wo und wie genau schief gelaufen ist. Sie können nicht lernen. Schlimmer noch: Sie werden die dritte Frau kennen lernen, sich verlieben und später feststellen, wie ähnlich sie doch beiden Vorgängerinnen ist. An dieser Stelle möchte ich darauf verzichten, mit Ihnen zu diskutieren, dass wir alle unbewusste Auswahlen treffen, die lernresistent sind und bleiben.

Aber vielleicht ist bei Ihnen alles anders? Vielleicht sind Sie jemand, der wirklich aus Fehler klug wird. Klasse. Aber es nutzt uns im Verkauf nicht wirklich. Warum nicht? … Na weil der Kunde weg ist und uns im Gehen eben keine Fehleranalyse »rüber gefaxt« hat. Und wenn wir nicht wissen, was falsch gelaufen ist, was sollen wir dann ändern, wenn wir könnten?

So wie ich die Dinge sehe, so macht es keinen Sinn, Fehler zu suchen, sondern viel lieber ist es mir, die Erfolgsrezepte zu sammeln, zu analysieren und zu trainieren. Das schafft Professionalität und berechenbare Ergebnisse.

Lassen wir von den Besseren lernen. Wir müssen nicht das Rad neu erfinden, sondern können von denen lernen, die bewiesen haben, dass es geht! Kein Risiko, keine waghalsige Strategie – sondern hinhören, aufnehmen, überdenken, entscheiden … und dann es tun!

27

Ein großartiges Beispiel, um aufzuzeigen, was von Erfolgreichen-zu-lernen bringen kann, sind die Franchiseunternehmen weltweit. Da wird den Franchisenehmern ein Erfolgsrezept haarklein dargeboten. Der Franchisenehmer hat nicht etwa die Aufgabe, seinen eigenen Weg zu suchen und zu finden, sondern er bekommt klare Anweisung, es genau nur so und nicht anders zu praktizieren. Das Handbuch ist die Bibel schlechthin. Kein Wildwuchs.

Gehen Sie mal (nur zum Test) in ein McDonalds-Restaurant. Da ist alles, aber auch alles durchorganisiert und standardisiert. Sie können in Südamerika, in Moskau, in Bern, in London oder wie mein Sohn und ich im letzten Urlaub in Hurghada in das Schnellrestaurant gehen. … Jetzt kann man über Geschmack trefflich streiten. Aber eines ist sicher: Es ist vorhersagbar gewesen. Wir hatten in Ägypten das Problem, dass wir essen wollten, aber ohne die bekannten Nachteile in Sachen Verdauungstrakt. Und was soll ich schreiben? Wir haben überlebt mit McDonalds.

Rechnen Sie einmal selber nach. Seit rund 40 Jahren werden weltweit in schätzungsweise 20.000 Restaurants von McDonalds Erfahrungen in Sachen Erfolg gemacht. Nehmen Sie die 40 Jahre multipliziert mit 20.000 Geschäftsführern, so ergeben sich 800.000 Mannjahre an Erfahrungen, wie ein solches Restaurant zum Erfolg geführt werden kann und muss. Und jetzt stellen Sie sich einmal vor, da käme ein »Unternehmertyp« zum

Franchisegeber und würde sagen, dass er seit 20 Jahren bereits Pommes Frites gebacken hätte. Er wisse, wie das Geschäft laufe. … Na, was würde wohl der Franchisegeber antworten? … Was sind schon 20 Jahre gegen 800.000 Jahre?

Bei Strukturvertriebsorganisationen werden Sie ähnlich fündig. Auch hier wird es dem Einzelnen nicht überlassen, den Stein des Weisen zu finden. Hier wird nicht geschult im Sinne von: »Schauen Sie doch einmal, Herr und Frau Teilnehmerin, was wir Ihnen an Methode vorstellen möchten. Vielleicht ist das ja auch etwas für Sie?«

Vor einigen Jahren hatte ich das große Vergnügen, bei einer Vorwerkschulung mit anwesend sein zu dürfen. Das sind dort liebe und nette Menschen, keine Frage. Aber wer von Ihnen einmal beim Bund war, der wird den Drill beim Bund im Vergleich zur Ausbildung bei Vorwerk als Streichelzoo bezeichnen.

Denken Sie sich einmal, Sie würden morgen auf den Tag Ihre Verkäufer zusammen trommeln und denen eröffnen, dass Küche alleine nicht mehr im Verkaufen zählt. Sie eröffnen den Mitarbeitern, dass Sie nunmehr nicht nur »Kochen« sondern viel mehr »sauberes Kochen« anbieten und verkaufen möchten. Und hierfür hätten Sie einen speziellen Staubsauber ins Programm genommen. Dieser Sauger sei furios! Einziger Nachteil: Er kostet etwa das zehnfache von normalen Saugern.

Na? Was würden Ihre Leute antworten? … »Chef, ab in die Klinik!«

Und genau dies aber machen die Vorwerk-Vertreter seit vielen, vielen Jahren sehr erfolgreich! Ich habe bisher einige Küchenverkäufer kennen- und schätzen gelernt, die bei Vorwerk Küchen verkaufen gelernt haben. Großartige Kollegen. Lassen Sie sich von denen im nächsten Einstellungsgespräch einmal erklären, was Strukturvertrieb ist. Sie werden staunen, was alles geht.

Die Sache mit dem Eisberg

Wahrscheinlich haben Sie bereits im Inhaltsverzeichnis diese Überschrift gelesen und gedacht: »Haben die Verkaufsexperten nichts Neues zu bieten?« Oder Sie dachten vielleicht: »Habe ich schon einmal gehört. Ist aber sicher nur eine Erfindung eines Verkäufers, der sich einen wissenschaftlichen Touch verleihen wollte.«

Der Eisberg ist nicht neu, aber durch das genaue Verstehen dieses Modells werden sich Ihnen wie von selbst neue Türen bzw. neue Möglichkeiten im Umgang mit Menschen eröffnen. Sie werden, wenn Sie genau beobachten, feststellen, dass in den allermeisten Verkäuferschulen zwar der Eisberg zitiert wird, aber die Umsetzung auf das Verkaufsgespräch nur halbherzig erfolgt.

Als Grundlage aller neuzeitlichen Modelle, die beschreiben, wie der Mensch bzw. wie das Innerseelische funktioniert, wird häufig der so genannte *Eisberg* zitiert. Bereits vor rund 100 Jahren wurde dieses Modell von SIEGMUND FREUD (1856-1939) entwickelt.

Bewusstes und Unbewusstes

FREUD beschrieb seine Beobachtungen mit dem Modell eines Eisberges und führte den Begriff des Unbewussten ein.

Für FREUD war der Eisberg ein treffendes Bild, weil das, was von einem Eisberg zu sehen ist, nur der kleinste Anteil ist. In diesem Modell gesprochen, symbolisiert der Eisberg die menschliche Psyche, von der nur 1/10 bewusst, sozusagen an der Oberfläche sichtbar, erfassbar wird. Der größte Teil der menschlichen Psyche, nämlich 9/10 (oder 90%) seien dem Individuum nicht bewusst und entzögen sich dem (logischen) Denken.

Am Anfang war der Traum

Wir sprechen so selbstverständlich von Bewusstsein, Unbewusstem und kollektivem Unbewussten. Und die wenigsten können sich wirklich etwas darunter vorstellen.

Dennoch, oder gerade wegen dieses Umstandes, ist es so wichtig, aufzuzeigen, was die professionelle Beachtung eines 90-%-Anteils des Unbewussten in unserem Alltag verändern wird.

Wie macht uns im Verkauf und im Umgang mit Menschen die Beachtung des Eisberges erfolgreicher? Denn bloße Theorie hilft uns nicht weiter; wichtiger ist es, dass uns dieses Erkennen wirklich praktischen Nutzen bietet.

Wir wollen uns jetzt beim Eisberg auf den „Kopf" als Ort des Bewussten und den »Bauch« als Ort des Unbewussten verständigen. Sie kennen das sicher: Wenn ein wirklich tiefgehendes Gefühl, wie z.B. das Verlieben, Sie »erwischt«, dann spüren Sie es wo zuerst? Nicht im Kopf – sondern im Bauch! Wenn Sie morgen etwas schocken sollte, dann »schlägt« es Ihnen in die Magengrube.

Übrigens: Bemerkenswerterweise ist erst vor einigen Jahren entdeckt worden, dass wir mehr Nervenzellen im Bauchraum haben als im Kopf. Interessant, nicht wahr?

Schauen wir noch einmal auf unseren Eisberg in der nachfolgenden Skizze.

Hier wird in der Andeutung der Masse unterhalb der Wasseroberfläche auf einen Blick erkennbar, welche ungeheuren nichtbewussten Fähigkeiten und Kräfte in der Menschenseele schlummern müssen.

Mit anderen Worten können wir auch formulieren, wie wichtig und notwendig ein behutsamer Umgang mit anderen Menschen ist. Das, was wir von anderen Menschen erkennen können, ist offensichtlich nicht so viel. Und es kann sogar sein, dass selbst bei noch so friedvoller Stimmung mögliche *Gefahren* unterhalb der Wasseroberfläche lauern.

Wie es scheint, haben wir Menschen uns den (nur) 10-%-Kopf recht gut eingerichtet. Unser Kopf arbeitet gut. Wir sind in der Lage, mit dem Einsatz unserer erdachten Technik alles anzustellen, was wir noch vor 30 Jahren kaum zu glauben wagten. Mars-Sonden und Roboterfahrzeuge, die wir hier von der Erde aus steuern, die DNS (Desoxyribonukleinsäure) des Menschen ist bereits entschlüsselt, Tiere sind klonbar geworden und ungeheure Datenmengen durchströmen den Erdball per Funk, per Satellit und durch unendliche Kabelstränge mit Lichtgeschwindigkeit tausendfach pro Tag.

Wir sind bei diesen Aufzählungen geneigt, FREUD und seinen Schülern in Sachen Verteilung zwischen dem 10-%-Unbewussten und dem 90-%-Unterbewusstsein nachträglich zu Gunsten des Kopfes zu widersprechen. Dieser 10-%-Kopf bzw. das bewusste Denken müsste mindestens dem Unbewussten gleichzustellen sein. Das könnten wir mit Energie diskutieren. Aber was würde es uns bringen?
Eine andere *Alternative* bietet sich an: Wenn schon 10% unseres (bewussten) Geistes in der Lage sind, in mehr als 150 Jahren der Industrialisierungsgeschichte die ganze Welt komplett auf den Kopf zu stellen, was

10 % Kopf

90 % Bauch

Was geht hier ab?

schlummern dann in den restlichen 90% des Unbewussten für Ressourcen, Energien und Kräfte?
Es gibt heute noch ein Naturvolk, das der Aborigines, das älteste Volk der Erde. Von ihren Ahnen *wissen* sie, dass sie schon seit 400.000 Jahren auf dieser Erde leben. Die Aborigines haben bis heute eine Art der Verständigung kultiviert, die wir uns mit unserem Weltbild weder vorstellen noch erklären können. Sie verständigen sich über große Entfernungen hinweg durch eine Art Telepathie.

Mit ihren Gedanken tauschen sie Informationen aus. Ein Initiationsritual besteht darin, die neuen Erwachsenen an einem Ort für zwei Wochen zurückzulassen. Die Gruppe zieht hingegen weiter. Die jungen Erwachsenen müssen nach zwei Wochen Kraft ihrer erworbenen mentalen Fähigkeiten die Gruppe bzw. den Stamm wiederfinden. ... Und es funktioniert ohne großes Aufheben. Diese Art der Kommunikation ist so selbstverständlich wie in unseren Breiten das Telefonieren mit einem Handy. Und genauso selbstverständlich „funktioniert" auch die Verständigung der Aborigines.

Aber wie genau läuft deren Verständigung ab? Wir wissen es nicht. Womöglich, weil unser Weltbild dies so nicht hergibt. Aber dürfen wir dann behaupten, dass es diese Verständigung über 1.000 Meilen hinweg nicht gibt?

Unabhängig unseres Verständnisses dieser Phänomene existiert diese lautlose Verständigung über große Distanzen *dennoch*!

Wie oft denken Sie an jemanden, der dann keine fünf Minuten später anruft? Häufig werden Fälle berichtet, in denen wir von getrennt lebenden Zwillingspaaren hören, die genau erfühlen und spüren können, wie es dem anderen gerade ergeht. Oder tausendfach gibt es Meldungen, wonach Menschen spürten, dass ihren engsten Angehörigen gerade etwas zugestoßen sein musste. Später stellten sich schlimme Unglücksfälle und Ähnliches heraus. Wenn man den Blick für diese Phänomene einmal geschärft hat, findet man eine Vielzahl von Beispielen.

Noch einmal kurz zurück zu der Verständigung der Aborigines: *Stellen Sie sich nur einmal vor, unsere Partner, Kollegen, unser Chef, unsere Kunden und andere mehr könnten ohne Schwierigkeiten in unsere Gedanken hineinhören*. Der Himmel soll uns hiervor bewahren!
Können wir angesichts der *Technik* der Aborigines und der Erkenntnis der Vorgänge auf einer uns nicht bekannten Bewusstseinsebene, möglicherweise des kollektiven Unbewussten, wirklich noch sagen: »Was ich nicht seh, das es nicht gibt!«?

Wenn CARL GUSTAV JUNG (1875-1961) Recht behält und es ein kollektives Unbewusstes gibt, das uns alle miteinander verbindet, und wenn wir unser Unbewusstes nicht einfach fragen können, was wir da wahrnehmen (weil es eben nicht bewusst abläuft), wäre es dann nicht klüger, mehr auf das eigene seelische Gemüt und auf gesunde seelische »Nahrung« Acht zu geben? Wäre es nicht klüger, darauf Acht zu geben, was wir gerade in welcher Situation über jemand anderes denken?

Der Kunde ist ein Eisberg – und was sind wir?

Lieber Leser, möchten Sie einmal den Verkaufstrainern in Deutschland zeigen, was eine Harke ist? Ergreifen Sie die Chance, und lesen bzw. und denken Sie weiter!

Da lesen Sie in diesem Kapitel vom Eisbergmodell. Und wenn dieses Buch nicht das erste Buch zum Thema Verkaufen ist, welches Sie gelesen haben, dann wird Ihnen der Eisberg bekannt sein müssen. »Der Kunde ist ein Eisberg!« Geben Sie es doch zu: So richtig umwerfend ist diese Feststellung nicht, oder? Im Gegenteil: Sie wirkt eher langweilig, weil irgendwie abgedroschen. Und außerdem fragt man sich: »Was mache ich mit diesen Erkenntnissen?«

Schon als junger Mann habe ich mich gewundert, warum diese Frage weder gestellt bzw. von vorne herein aufgearbeitet und als Lösung angeboten wurde. Im deutschsprachigen Raum gibt es schätzungsweise etwa 40.000 Trainer für den Verkauf. Jeder von denen benutzt das Bild des Eisberges, um erklären zu wollen, was die unbewussten Anteile beim Kunden in seinem Entscheidungsprozess bedeuten, und wie wir sie nutzen können.

Gibt es einen »Kunden« ohne Verkäufer? Fällt Ihnen auch auf, dass immer so getan wird, als sei ein Kunde ein isolierter »Vorgang« in unserem Tagesgeschäft. Merkwürdig, oder? … Immer sind bei einem »Kunden« auch ein »Verkäufer« beteiligt; - sonst gäbe es keinen »Kunden«! Und wenn es also immer eine Beteiligung eines »Verkäufers« im Verkaufsgespräch gibt, dann ist doch die Frage: »Wenn der Kunde einem Eisberg gleicht, einem Schneemann in den psychologischen Modellen entspricht – wer oder was sind dann wir in diesem Rollenspiel?« und vielmehr noch deren Beantwortung längst überfällig.

An der Universität von Kalifornien stellte vor einigen Jahren Professor Albert Mehrabian folgende spektakuläre Untersuchungsergebnisse vor. Es ging ihm um die Klärung des Einflusses von Körpersprache und Stimme in der Kommunikation. Und er fand heraus, dass lediglich nur zu 7% der Inhalt eines Gespräches oder einer Aussage den Erfolg nur beeinflussen können. Zu 55% machte die Körpersprache den Erfolgsgaranten und zu 38% dann noch die Stimme aus. Dieses Ergebnis ist insofern spektakulär, als dass hier 93% der Erfolg von nicht bewusst zu beeinflussenden Faktoren abhängig sich darstellte. Zu 7% können wir als Verkäufer den Kunden intellektuell erreichen und Einfluss nehmen. Die restlichen 93% entziehen sich sozusagen unserer Betrachtung. Dies ist hier keine einsame Theorie eines introvertierten Wissenschaftlers, der in einem seiner liebgewonnenen Elfenbeintürme sitzt, dies ist die Beschreibung der tagtäglichen Praxis in unseren Gesprächen. Das ist unsere Realität!

Na, ahnen Sie, worauf das nun hinausläuft? … Denn wenn Sie nun genauer hinschauen und wissen wollen, woher denn die Körpersprache kommt, was denn die Stimmlage und das Sprechvermögen wesentlich beeinflusst, dann entdecken Sie, dass nicht das Bewusstsein (der Intellekt) sondern vielmehr das Unbewusste oder das Unterbewusstsein hier Regie führt.

Also noch einmal zur Ausgangsfrage zurück: »Wenn der Kunde ein Eisberg ist – wer sind dann wir?« Der Kunde agiert zu 90%, so die Psychologen, über sein Unbewusstes und nur zu 10% rein logisch. … Wer oder was sind dann wir?

Wir sind auch ein Eisberg! Wir gleichen auch einem Schneemann! … Lachen Sie nicht. Ich kann mir bildreich vorstellen, wie Sie diese Erkenntnis amüsiert. Vielleicht denken Sie: »Na, so schwer war es eigentlich nicht, die Frage zu beantworten!« Ich kann Sie nur bestätigen. So schwer war es nicht. Dennoch aber haben bisher hier alle Trainer nicht aufgepasst, oder es hat sie nicht interessiert.

Nun, wenn Sie aber die Psychologen mit dem Eisberg mit den Kommunikationswissenschaftlern und den oben beschriebenen Anteilen einer erfolgreichen Kommunikation übereinander »legen«, dann fällt Ihnen auf, dass beide Systeme irgendwie die gleiche Sprache sprechen. Während die Psychologen von 10% zu 90% in der Verteilung von Bewussten und Unbewussten sprechen, so präsentieren uns die Kommunikationsexperten nahezu identisch die gleiche Verteilung: 7% zu 93%! Denn die Körpersprache ist eindeutig eine Ausdrucksform des Seelischen. Und die Sprache selber, vielmehr noch das sogenannte Sprachvermögen, ist ebenfalls eine Ausdrucksplattform des Unbewussten. Wir alle haben nicht mit unserem Verstand »entschieden«, wie wir zu sprechen haben. So kennen Sie beispielsweise Menschen, die sprachgehemmt sind. Glauben Sie etwa, dass diese Menschen sich den »Spaß« ausgesucht haben? Diese Betroffenen leiden unter den offensichtlichen Unvermögen.

Wie Sie auf andere wirken, wenn Sie etwas zu sagen haben, haben Sie ebenfalls nicht bewusst entschieden. Ihr Körper spricht oft genug sogar eine andere »Sprache« als Ihr Verstand es möchte.

Diese annähernd gleichen Erkenntnisse aus der Kommunikation und der Psychologie können doch nur einen Schluss zulassen: Nicht nur der Kunde entscheidet überwiegend (zu 90%) aus unbewussten Motiven heraus und beeinflusst somit unseren Erfolg wesentlich *nicht* bewusst, sondern auch wir sind auf Gedeih und Verderb (zu 93%) unserem Unbewussten überlassen!

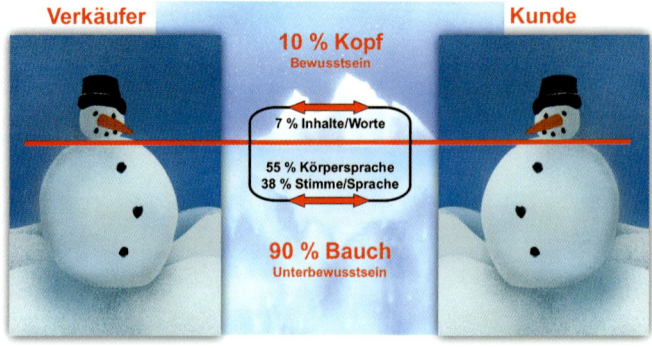

Wie viel Phantasie benötigen wir dann noch, um dann die alles entscheidende Frage zu formulieren? Wenn der Kunde einem Schneemann gleicht, wenn wir selber eben auch ein Schneemann gleichen, ja wenn unser praktischer Erfolg zu 93% aus dem Unbewussten, sozusagen aus dem Buch kommt; - dann wäre es für uns selber sehr hilfreich zu wissen, wie es denn um unseren Bauch steht! … Wie geht es unseren »Bäuchen«?

Wie geht es Ihnen, wie geht es Ihrem »Bauch«? … Diese Frage ist nicht nur aus menschlicher Sicht entscheidend, sondern vielmehr aus der weiter oben dargestellten praktischen *Notwendigkeit* als VerkäuferIn existentiell!

Es macht aus meiner Sicht überhaupt keinen Sinn, sozusagen an der »Wasseroberfläche zu bleiben« und lediglich Verhalten zu trainieren und zu optimieren. Das sind mit dem Eisberg gesprochen gerade einmal 10% der Möglichkeiten, die wir mit aller Gewalt versuchen, in die Form zu zwingen. Wir sagen dem Kopf im übertragenen Sinne, dass das eine Verhalten im Verkaufsgespräch nicht sinnvoll und das andere Verhalten erfolgsversprechender sei. Das ist schon ordentlich, aber es kann nur 10% im allergünstigsten Falle beeinflussen. Mehr nicht. Dann ist es sehr viel erfolgsversprechender, in die Tiefe zu gehen und dort möglicherweise die 90% unbewusster Ressourcen zu wecken und nutzbar werden zu lassen.

Wie geht es Ihrem Bauch?

Bitte erlauben Sie mir, mich zu wiederholen: Es geht nicht um irgendeine Befindlichkeit, es geht um Alles! Wie wir gesehen haben, hängen 93% Ihres Erfolges davon ab. Und wie kann es dann sein, dass 40.000 Trainer Ihnen davon nichts zu sagen wissen oder – besser noch – zu fragen haben? Schauen Sie selbst einmal hin!

Mit einem Gedanken möchte ich Ihnen ein wenig Hilfestellung anbieten, um diese Frage für sich klären zu helfen. Dieser Gedanke stammt aus einem der spektakulärsten Bücher der letzten Jahre. »Gespräche mit Gott« von Neal Donald Walsch. Ich entlehne seine Gedanken und möchte mit Ihnen ein Gedankenexperiment durchführen.

Ein Fax vom »lieben Gott«

Können Sie sich vorstellen, einmal im Leben wirklich eine Nachricht zu erhalten? Na? Eigentlich nicht, oder? Zumindest mir geht es so – oder vielleicht besser: ging es so! Seit knapp zweitausend Jahren ist alles wieder gut, wir sind erlöst! Doch irgendwie läuft die Beziehung recht sprachlos ab. Wenn ich dies hier schreibe, dann nicht um Ihre Gefühle oder Ihren Glauben in Frage zu stellen, sondern vielmehr, um zu zeigen, was mich in meiner Entwicklung fragend gemacht hat. ... Sie haben sich mit Ihrer Mutter oder Ihrem Vater vor langer Zeit verkracht. Nun kommt es endlich zur Aussprache, zur Klärung. Alles sei wieder gut. Und folgend reden sie kein Wort mehr miteinander? Was heißt hier »miteinander«? Wenn überhaupt rufen Sie Ihre Mutter oder Ihren Vater an, und Sie sind der einzige, der am Telefon spricht. Ihre Mutter, Ihr Vater antworteten nicht. Na, hätten Sie das Gefühl, dass wirklich alles in Ordnung sei?

Ich persönlich glaube, dass wir tatsächlich im Dialog sind. Unser Problem ist nur, dass wir es so verinnerlicht nicht glauben können, dass wir am Ende alles an uns gerichtete überhören!

Und nun lese ich eines Tages dieses sagenhafte Buch und komme wieder richtig in Fahrt. Da gibt es einen Mann, der nicht nur ein »Fax«, sondern vielmehr ein dreibändiges Buch zur Antwort erhalten hat.

Aber erst einen Schritt nach dem Anderen.

Denken Sie sich folgende Situation: Sie liegen in der nächsten Nacht im Schlaf. Es mag 2.00 Uhr sein, oder später. Sie schlafen. Und nun werden Sie also mitten in der Nacht wach. Da sitzt einer am Fußende und rüttelt vorsichtig an Ihren Bein. Sie schrecken hoch. Sie schauen. Und es ist der liebe Gott! ... Es verschlägt Ihnen der Atem. »Oh Gott, muss ich schon gehen?«, Sie fragen ganz verängstigt. Doch Gott antwortete nur: »Nein! Ich will nur reden! ... Nur reden!«

Und denken Sie sich weiter, er würde wie folgt mit Ihnen ins Gespräch gehen:

»Nährst Du Deine Seele? Bemerkst Du sie überhaupt?
Heilst Du sie, oder verletzt Du sie nur ständig? …
Wann hattest Du das letzte Mal das Gefühl,
dass Deine Seele zum Ausdruck gebracht wurde?

Wann hast Du das letzte Mal vor Freude geweint?
Gedichte geschrieben?
Musik gemacht? Im Regen getanzt?
Einen Kuchen gebacken? Irgendetwas gemalt?
Irgendetwas Kaputtes repariert?
Ein Baby geküsst?

Eine Katze in Dein Gesicht gedrückt?
Bist einen Berg erklommen? Bist nackt geschwommen?
Hast bei Sonnenaufgang einen Spaziergang unternommen?
Auf der Mundharmonika gespielt?
Gespräche geführt mit Freunden bis zum Morgengrauen,
als hätte die Nacht kein Ende?
Stundenlang Dich geliebt – am Strand, im Wald,
auf dem Heuboden, im Parkhaus?
Mit der Natur gesprochen? – Nach »Gott« gesucht? …

Wann hast Du das letzte Mal »Hallo« zu Deiner Seele gesagt?«

(aus: „Gespräche mit Gott", Neal Donald Walsch, Band 2)

Bevor Sie weiter denken oder diesen Gedanken verwerfen möchten, möchte ich noch einmal betonen, dass es mir nicht um Glaubensfragen wesentlich geht. Das ist und bleibt Ihre ureigenste Angelegenheit. Vielmehr aber geht es um die Frage, die immer noch im Raume steht: »Wie geht es Ihrer Seele – Ihrem Bauch?« … Und nun hätten Sie nachts eine Begegnung mit Gott gehabt, der Ihnen weder vorwurfsvoll noch drohend käme, sondern lediglich die Frage konkretisierte.

Die allermeisten würden sich am nächsten Morgen fragen, ob sie denn dieses Erlebnis nur geträumt haben werden. ... Aber was heißt hier nur geträumt?

Wussten Sie schon, dass alle Heilsverkündungen in dem Buch der Bücher immer nur in Träumen verkündet worden sind. ... Denken Sie sich nur einmal zu Ende, was eine solche Begegnung mit Ihnen machen würde? ... Wäre ein solches Erlebnis nicht wirklich im wahrsten Sinne des Wortes weihnachtlich?

Hey! Schauen Sie doch einmal ohne Angst hin. Was hätte Ihre Seele, ihr Bauch, zu antworten? Sie sind unendlich kostbar. Ihre Seele schreit nach Beachtung. Wäre es da nicht ungeheuer segensreich, wenn Sie auf sich und Ihre Seele wieder mit Bezug auf den Höchsten Acht geben dürften?

Was braucht Ihre Seele? ... Und jeden, der sich fragt, was Sie wohl machten, können Sie wunderbar beruhigen: »Ich tue etwas für meinen Verkaufserfolg!" ... Ist das nicht brillant?

Kommunikation kann doch jeder

Bevor wir nun aber in das eigentliche Thema »Verkaufen« oder »Zielgerichtete Kommunikation« eintauchen, möchte ich Ihnen einige wichtige Grundlagen anbieten.

Die Kommunikation ist bekanntermaßen die Verständigung zwischen Sender und Empfänger. Einfachstes Beispiel ist hier die Verständigung zwischen zwei Gesprächspartnern. Der eine sagt etwas, eine Nachricht, der andere hört zu. Diese sprachliche Verständigung wird auch als verbale Kommunikation beschrieben.

Interessanterweise aber würden beide Partner auch etwas sagen, selbst wenn sie sich anschweigen würden. Denn nicht nur Worte, sondern Tonfall, Sprachtempo, Pausen, Lachen und Seufzen sowie Körperhaltung und Körpersprache, kurz: das ganze Verhalten, *sagen* etwas. Diese nichtsprachliche Ebene der Verständigung wird nonverbale Kommunikation genannt.

Die Beteiligten in einem Gespräch können sich beispielsweise auch nur über eindeutige Zeichen verständigen. Vielleicht beobachten Sie Ihr Gegenüber nur, um zu *fühlen*, was der andere sagen will.

Auch wenn uns dies in einem Gespräch nicht immer bewusst ist, die Kommunikation ist immer ein Gemisch aus verbalen und nonverbalen Zeichen bzw. Botschaften. Ihr Gesprächspartner tippt mit dem Zeigefinger mehrfach an seine Schläfe und sagt dabei: »Ich gebe dir gerne mein Auto!« Sie würden sofort die nonverbale Botschaft verstehen: »Mein Auto? – Auf keinen Fall!«

Da jedes Verhalten zwischen Sender und Empfänger Mitteilungscharakter hat und Verhalten nicht abgeschaltet werden kann, kommunizieren wir also immer!

Handeln oder Nichthandeln, Worte oder Schweigen, alles transportiert eine Nachricht, die andere unweigerlich beeinflusst. Die anderen können ihrerseits nicht *nicht* auf diese Nachricht reagieren und kommunizieren zwangsläufig mit.

Sie kommen auf einen Bahnsteig und erblicken einen Mann, der auf einer Bank sitzt, den Kopf auf seine Hände stützt und auf den Boden starrt. Damit teilt er Ihnen mit, dass er nicht angesprochen werden will. Und Sie werden ihn ganz sicher in Ruhe lassen. Sie beide haben kommuniziert.

*»Man kann nicht **nicht** kommunizieren!« (Paul Watzlawick)*

Dieser Kernsatz aus der Kommunikationswissenschaft beschreibt den Umstand, dass es keine Situation geben kann, in der wir nichts zu sagen (verbal oder nonverbal) hätten. Dies bedeutet für uns, dass wir, sobald wir mit anderen Menschen in Kontakt treten, kommunizieren. Und dies geschieht unabhängig von Worten, Zeichen und einer möglichen Zu- oder Abwendung zum jeweiligen Gegenüber.

Im Folgenden werden Ihnen vier wichtige Prinzipien vorgestellt, die beschreiben, was in der (erfolgreichen) Kommunikation mit unserem Gegenüber wirklich von Bedeutung und zu beachten ist.

Die Ebenen der Kommunikation

Jede Kommunikation verläuft nach Paul WATZLAWICK (1921 - 2007) auf zwei Ebenen, der Inhalts- und der Beziehungsebene. Diese Information hört sich zugegebenermaßen nicht besonders spektakulär an. Aber in der konsequenten Beobachtung ist hier sehr leicht zu erkennen, wie störanfällig unsere Kommunikation sein kann, ja sogar sein muss.

Prüfen Sie es einmal nach, Sachfragen lassen sich leicht ansprechen, oder? Mit ein wenig Übung können Sie nahezu jedes technische oder organisatorische Problem beschreiben. Und Sie erreichen meist auf dieser Ebene schnell

Klarheit und Einigung. Eine Sache funktioniert oder nicht. Ein Termin kann eingehalten werden oder ist bereits in der Planung aussichtslos.

Inhalt
―――――――――――
Beziehung

Die Beziehungsebene hingegen läuft weniger klar und gleichzeitig zur Inhaltsebene sozusagen im Hintergrund mit ab.

Leicht sind wir in Gesprächen zu irritieren. Oft schon sind wir mit der Frage beschäftigt, ob es denn ein Gesprächspartner mit uns ernst meint oder nicht. Und wenn wir einen Eindruck gewinnen, so können wir diesen Eindruck sehr schwer nur objektiv, also rein sachlich begründen oder beschreiben. Wir fühlen uns in einem Gespräch vom anderen gut oder weniger gut behandelt und verstanden.

In unseren Gesprächen können wir die Inhaltsebene wunderbar von allen Seiten her thematisieren, aber die Beziehungsebene können wir nahezu gar nicht ansprechen. Stellen Sie sich vor, Sie würden Ihren Kunden fragen: »Mögen Sie mich?«, was würde wohl Ihr Gegenüber von Ihnen dann denken müssen?

Und dies kennen wir alle selbst aus privaten Beziehungen. Spricht der eine von beiden betont die Sach- bzw. Inhaltsebene und der andere betont die Beziehungsebene an, so wird es kein Zueinanderkommen geben können. Und im Streitfall wirkt dies noch deutlicher. Nämlich derjenige, der rational logisch argumentiert, bleibt demjenigen, der die Beziehungsfrage thematisiert, immerzu überlegen.

Wie wichtig ist die Beziehungsebene wirklich? Diese Frage zu beantworten fällt den professionellen Kommunikatoren, den Verkäufern, nicht schwer. Auf den ersten Blick bzw. spontan beantwortet ist für die meisten Menschen die Sachlage klar: Es geht um die Sache! Und der Rest ist irgendwie »Gefühlsduselei«.

Denken wir uns einen Controller in einem Handelsunternehmen, der sich mit dieser Frage der Wichtigkeit der Beziehung zum Kunden zu beschäftigen hat. Er hat gelernt, sich fast ausschließlich um Zahlen und um Kennziffern zu kümmern.
Und eines Tages wird er mit der Aufgabe beauftragt, er solle den Erfolg eines Internetverkaufsportals kalkulieren. Für ihn wird beispielsweise wichtig sein, die Kosten für die Erstellung und Pflege des Internetauftrittes mit den Kosten für Verkäufer im Innen- und Außendienst zu vergleichen. Dann wird er argumentieren, dass die technische Lösung 24 Stunden am Tag einsetzbar sei und aus gesundheitlichen Gründen nicht ausfallen könne. Stellen Sie sich vor, Sie würden mit diesem Mann über die Beziehungsebene in der Kommunikation sprechen wollen. Was käme dabei heraus?

Ein Verkaufsprofi würde an dieser Stelle seine Erfahrungen mit der Beziehungsebene in die Waagschale legen … Interessanterweise verkaufen bis heute die allermeisten Verkaufsportale im Internet nicht ausreichend. Weil die Beziehungsebene fehlt?

Paradoxe Situationen

Das zweite wichtige Prinzip aus der Kommunikation ist das der paradoxen Situationen. Damit sind folgende Situationen gemeint: Stellen Sie sich vor, Sie laden Freunde zu einer Party zu sich nach Hause ein. Und irgendwann klingelt es an der Türe. Sie öffnen, und da steht Ihr Freund im Türrahmen und sagt mit betrübtem Gesichtsausdruck: »Ich freue mich auf deine Party.«

Ausschließlich von der Inhaltsebene her betrachtet, wäre die Lage eindeutig. Er sagt, dass er sich freut! »Na toll«, denken Sie. Sie werden sich sofort fragen, was wohl passiert sein mag, obwohl die Sachlage doch so *eindeutig* formuliert wurde. Sie werden ihn womöglich fragen, ob er sich nicht wohl fühle. Und denken Sie sich nun, er würde antworten: »Wie kommst du darauf? Ich habe doch gesagt, dass ich mich freue!«

Ein anderes Beispiel: Stellen Sie sich vor, Sie hätten sich für Ihren Partner beim Friseur für viel Geld wirklich schick machen lassen. Sie kommen nach Hause und fragen voller Stolz Ihren Partner: »Na, wie sehe ich aus? Gefällt es dir?« Und Ihr Gegenüber würde mit einem Blick wie »drei Tage Regenwetter« müde antworten: »Du siehst klasse aus.« Was würden Sie denken?

Noch besser: Sie sind Inhaber eines Möbelhauses und möchten unbedingt einen erfolgreichen Verkäufer zusätzlich einstellen. Sie suchen jemanden, der es packen wird, jemanden, der Erfolg ausstrahlt, der vielleicht die Kollegen mit inspirieren kann.

Sie bitten den Bewerber zum Gespräch, begrüßen ihn und erhalten folgenden Handschlag:

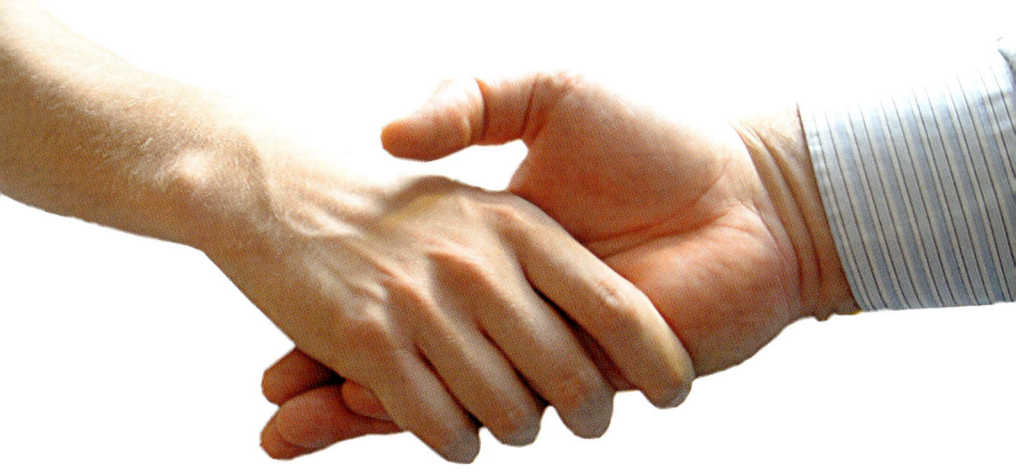

Wenn Sie jemals voller Erwartung auf einen Menschen, der Selbstbewusstsein vorgibt, in eine solche „Leichenhand" gegriffen haben, dann wissen Sie augenblicklich, was gemeint ist. Es ist erschaudernd. Ihnen ist es dann nicht mehr wichtig, mit welchen Zeugnissen seiner vorherigen Arbeitgeber er ankommt. Selbst wenn er Ihnen versichern würde, dass er unglaublich kämpfen könne – Sie würden ihm nicht mehr glauben können. Eine klassische paradoxe Situation.

Ein umgekehrtes Beispiel könnte der Arbeitskollege sein, den Sie ebenfalls auf Ihre Party eingeladen haben, der Ihnen mit strahlender Miene mitteilt: »Schade, leider kann ich nicht bleiben!« Sie stellen fest, dass die Aussage mit dem »Bild« des Aussagenden nicht übereinstimmt. Wie wichtig ist dann der reine Inhalt der Aussage?

In der menschlichen Kommunikation wird fortwährend vom Empfänger der Nachrichten kontrolliert und beobachtet, ob das Gesagte mit dem Gezeigten wirklich übereinstimmt. Und was überwiegt, das Gesagte oder das Gezeigte?

Vielleicht ein Beispiel aus dem Großhandel? Da kommen die Kunden in das Geschäft und stehen vor einem gewaltigen Tresen, circa 1,50 m hoch. Dahinter sitzt ein Mitarbeiter, der angestrengt telefoniert oder auf seinen PC einhackt. Und da der Mitarbeiter so ungeheuer *wichtig* beschäftigt ist, würdigt er den ankommenden Kunden mit keinem Blick. Der Kunde versucht, sich irgendwie bemerkbar zu machen. Der Verkäufer dreht sich auf seinem Bürostuhl vom Kunden weg, damit er ungestörter telefonieren kann.

Gemessen an den unternehmerischen Zielen, dass der Kunde wichtig ist, wirkt dieses Verhalten und diese Barriere paradox! Glauben Sie wirklich, dass dieser Mitarbeiter gleich im eigentlichen Kundengespräch noch überzeugen kann?
Jetzt werden Sie vielleicht einwenden, dass solches Verhalten beinahe in jedem Großhandel zu beobachten ist. Stimmt. Da haben Sie wieder einmal Recht. Und wenn schon? Dann machen wir es besser. Ganz einfach!

Was will der Verkäufer noch zur Kundenorientierung oder Achtung des Kunden erzählen? Unser Kunde in diesem Beispiel wird sich kurz beraten lassen, nimmt Informationen mit und bittet sich am Ende des Gespräches eine Bedenkzeit aus, um so höflich zu verschwinden. Vielleicht hat unser Verkäufer es nicht so gemeint, kann sein? Aber ist das Gutmeinen wirklich entscheidend?

Entscheidend ist, was auf der anderen Seite ankommt

47

Das dritte Prinzip ist leichter formuliert, als es zu beachten ist. Wir glauben viel zu oft, dass es allein schon ausreicht, etwas zu sagen. Wir gehen stillschweigend davon aus, dass der jeweils andere schon »höre«, was wir meinen. Aber (nach KONRAD LORENZ, 1903 - 1989) ...

Gesagt	ist noch nicht	gehört.
Gehört	ist noch nicht	verstanden.
Verstanden	ist noch nicht	einverstanden.
Einverstanden	ist noch nicht	angewendet.
Angewendet	ist noch nicht	beibehalten.

Wir sagen oder beschreiben etwas aus unserer Sicht ganz Eindeutiges und treffen die Annahme, dass unser Gegenüber es dann auch genauso hören, verstehen, ihm zustimmen, es anwenden und beibehalten wird. Es sind aber nur Annahmen, die wir treffen, die mit der Realität übereinstimmen können – aber nicht müssen!

Es kann sein, dass unser Gegenüber uns »verstanden« hat; es *kann* sein, dass er mit dem Gesagten »einverstanden« ist, er es »anwenden« und »beibehalten« wird, *aber es kann eben nur sein*! Wir, die Sender einer Botschaft, *wissen* es nicht.

Oft gehen wir aus Bequemlichkeit viel zu schnell
von einer gegenseitigen Übereinstimmung aus.

Gute Kommunikation, guter Verkauf wäre hier, *nachzufragen*, was denn von dem Gesagten angekommen ist?

Was wurde vom Empfänger der Nachricht wie verstanden? Nur wenn wir diesen Abgleich der Informationen durchführen, haben wir als Sender einer Nachricht die Chance, dass aus einer Botschaft mehr werden kann als nur eine bloße Absicht, es gut zu machen.
Sie kennen das: Immer wieder erklären uns Menschen nach einem Missverständnis, dass sie *es* doch eindeutig formuliert hätten. Ganz sicher haben sie sich Mühe gegeben. Aber was kommt dabei heraus? Die Absicht, es genau auf den Punkt zu erklären, lag ja vor. Aus irgendeinem Grund aber wurde der Sachverhalt durch Unaufmerksamkeiten, vielleicht sogar auf beiden Seiten, verwässert; vielleicht nuschelte der Sender, vielleicht war der Empfänger nicht bei der Sache?

Im Ergebnis aber bleibt das Bemühen des Senders erfolglos. Und wenn wir uns *ergebnisorientiert* fragen wollen, was aus unserem Bemühen einer guten Verständigung wird, so werden wir nicht umhinkönnen, nachzufragen.

Zugegeben, Sie werden das nicht mit jeder Nachricht, die Sie weitergeben, durchführen können. Aber vielleicht werden Sie sich angewöhnen, bei den für Sie wichtigen Informationen für Ihr Gegenüber doch noch einmal nachzufragen, ob sie sich „einig" sind?

»Herr Kunde, ich bin mir nicht sicher, ob *ich* den Sachverhalt XY wirklich richtig rübergebracht habe. Mir ist es wichtig zu betonen, dass …! Konnte ich mein Anliegen deutlich machen?«

Wenn Sie diese Formulierung genau beachten, dann wird Ihnen auffallen, dass der Sender dieser Nachricht nur *sich*, aber niemals den Kunden und seine Aufmerksamkeit infrage stellt.
Das ist nicht devot, das ist kluge Verhandlungstaktik. *Ich*, als Verkäufer, habe es nicht nötig, dem Kunden zu erklären, dass er nicht aufgepasst hat. Meinen Kunden möchte ich nicht in Verlegenheit bringen, wozu auch?

Vielleicht bemerkt der Kunde, dass Sie sich schützend vor ihn stellen. Wenn er es bemerkt, dann machen Sie gute Punkte auf der nach oben offenen Sympathie-Skala. Und wenn nicht, was soll's.

Sie achten auf das Wohl Ihres Kunden. Er soll sich wohl fühlen und gleich den Kaufvertrag mit Ihnen abschließen. Das ist das Ziel Ihrer Arbeit.

Die vier Arten der Wahrnehmung

Als wichtiges viertes Prinzip möchten wir die vier Arten der Wahrnehmung (nach FRIEDEMANN SCHULZ VON THUN) vorstellen. In diesem Modell geht es darum, dass jede Nachricht empfängerseitig in vier Aspekte „zerlegt" und analysiert wird.

Auch in diesem Modell begegnet uns wieder die Inhaltsebene, nämlich im **ersten Aspekt** (dem **Sach-Ohr**): »Worum geht es hier?« oder »Was ist Sache?« In der Grafik oben haben wir die Aspekte mit jeweils einer Gedankenblase gekennzeichnet.

Der **zweite Aspekt** (das **Appell-Ohr**) befasst sich mit der Frage: »Was soll ich tun?« oder »Was erwartet der andere von mir?«

Der **dritte Aspekt** (das **Selbstoffenbarungs-Ohr**) will klären, was denn der Sender der Nachricht über sich selbst aussagt. »Was soll ich hören, was soll ich an seiner Lage verstehen? Was sagt er über sich selbst aus?«

Der **vierte Aspekt** (das **Beziehungs-Ohr**), und hier bemerken Sie ebenfalls eine Wiederholung aus der zweiten Kommunikationsebene, ist die Frage nach der Beziehung: »Wie geht er mit mir um? Ist er fordernd und womöglich distanzlos oder behutsam und freundlich? Geht der andere mit mir respektvoll um?«

Ein kleines Beispiel verdeutlicht das theoretische Modell. Stellen Sie sich folgende Situation vor: Ein Verkäufer fragt: »Möchten Sie finanzieren?«"

Betrachten wir uns dieses kleine Beispiel mit den vier Arten der Wahrnehmung, dann ergibt sich folgende Analyse:

Die Sachebene ist klar, aber das ist auch schon das Einzige, was klar und eindeutig ist: »Möchten Sie finanzieren?«

Der Appell *könnte* lauten: »Offenbare dich und dein Einkommen!«

Über sich sagt der Sender in der Selbstoffenbarung *möglicherweise* aus: »Ich glaube, Sie haben kein Geld!«

Bis hin zur Beziehungsfrage *könnte* der Empfänger verstehen: »Lieber Kunde, du bist oder du wirst abhängig von mir!«
Jetzt werden Sie einwenden, dass die letzten drei Aspekte »unser Verkäufer« hier mit keinem Wort erwähnt habe. Und Sie haben Recht! Und so hätte auch

der Verkäufer Recht, wenn er dies dem Kunden nochmals klarmachen wollte. Der Verkäufer hat nicht gesagt, dass der Kunde sich finanziell entblößen soll oder dass er glaube, der Kunde hätte kein Geld bzw. er Abhängigkeiten schaffen oder konstruieren will. Er hat nur gefragt, ob der Kunde finanzieren möchte. Aber was würde ihm sein Rechthaben denn nützen?

Der Kunde bekommt dieses Angebot sozusagen in den falschen Hals. Kann passieren. Wenn dieser Verkäufer schlecht beraten wäre, dann würde er darauf bestehen, dass er nur gefragt habe, ob der Kunde finanzieren möchte – mehr nicht!

Kann unser Verkäufer aber erfolgreich kommunizieren, dann wird er sich jetzt auf die Tatsache besinnen, dass es nicht darauf ankomme, was er als Sender gesagt hat, sondern was der andere möglicherweise gehört haben wird. Er würde, statt sich zu rechtfertigen, vielmehr auf die Suche gehen, was denn den Kunden irritiert haben könnte. Er fragt nach.

Wie Sie aus eigener Erfahrung wissen, ist das Thema Geld höchst sensibel zu behandeln. Dabei ist es völlig unerheblich, ob Sie über Geld sprechen, welches jemand hat, oder über Geld sprechen, welches jemand gerade nicht hat!
Unser Verkäufer fragt nach einer möglichen Finanzierung. Einmal davon abgesehen, dass mit einer spontanen geschlossenen Ja-Nein-Frage nahezu immer ein »Nein«" provoziert wird, bemerkt er in diesem Gespräch, dass der Kunde unmittelbar nach seiner Frage *stumm* wird und sich körpersprachlich zurückzieht. Er fragt nach: »Herr Kunde, ich bekomme mit, dass Sie da etwas beschäftigt! … Was beschäftigt Sie?«
Jetzt hat der Verkäufer wieder alles im Griff. Antwortet der Kunde auf diese offene Frage, so weiß der Verkäufer, worum es geht. Gibt es für den Kunden nichts, was ihn beschäftigt, na dann kann der Verkäufer abschließen, oder?

Ein anderes Beispiel noch: Der Chef kommt in Ihre Abteilung und spricht Sie an: »Das Regal da drüben ist staubig!«
Sie hören aus der *Selbstoffenbarung* heraus, dass es ihm nicht gefällt. Als *Appell* verstehen Sie, dass Sie jetzt loslaufen sollen, um dieses Regal zu

entstauben. Und die Frage der *Beziehung* scheint Ihnen auch schon klar: »Er hat keine Achtung vor mir!«

In diesem Beispiel wäre Ihr Chef kommunikativ sehr klug beraten, wenn er, nachdem er Ihren Verdruss bemerken würde, Ihnen beispielsweise erklärte: »Lieber Herr Mitarbeiter, ich schätze Sie sehr. Kann es sein, dass ich Sie gerade mit meiner Bemerkung zu dem Regal irritiert habe?«

Haben Sie ein gutes Verhältnis, dann antworten Sie ganz offen. Ist das Verhältnis *vorbelastet*, dann werden Sie eher abwiegeln: »Wieso? Ach was. Überhaupt kein Problem …« Ihr Chef sieht die Anspannung in Ihrem Blick oder beobachtet, dass Sie, während Sie das sagen, auf den Boden schauen. Jetzt wird er Sie noch einmal ansprechen *müssen*, um Ihre Beziehung nicht zu gefährden.
Eigentlich hat er sich nur über den Reinigungsdienst geärgert, der immer wieder Anlass zur Reklamation gibt. Vielleicht wollte er Sie nur auf diesen Missstand hinweisen, damit Sie gleich mit Ihrem Kunden in keine unangenehme Situation geraten.

Wenn Sie sich nicht sicher sind, was Ihr Gegenüber wirklich verstanden hat, dann …

Fragen Sie nach!

Beachten Sie dann aber bitte, dass nicht der andere Sie falsch verstanden haben muss, sondern dass Ihr Gesagtes nicht richtig herübergekommen sein kann.

Wenn Sie erfolgreich kommunizieren möchten, dann ist und bleibt es unerheblich, wer wen nicht richtig verstanden hat, sondern es liegt ausschließlich beim Sender, bei Ihnen, sofern Sie das möchten, zu überprüfen, was an Inhalten und Verstandenem beim Gegenüber wie empfangen wurde. Wir Verkäufer möchten unsere Ziele erreichen. Wir möchten, dass der Kunde sich wohl fühlt, gerne einkauft, uns weiterempfiehlt und gerne wiederkommt.

Aus dem dritten Prinzip: »„Entscheidend ist nicht, was Sie sagen, sondern was auf der anderen Seite ankommt« und dem vierten Prinzip: »Die vier Arten der Wahrnehmung« leitet sich ein ganz wichtiger Kernsatz ab:

Jeder Mensch hat ein Recht auf seine eigene Subjektivität!

Zwei kleine Gedanken noch: Sie kennen alle die spannenden, aber auch nie endenden Diskussionen über die Objektivität und die Unmöglichkeit in der Subjektivität das wirklich Objektive, die *Wahrheit* und das *Absolute* finden oder begreifen zu können. Wir Menschen sind subjektiv durch und durch. Jeder Mensch sieht, hört, fühlt, riecht, versteht, erkennt seine Eindrücke so, wie er sie in *seiner Wirklichkeit* für sich wahrnehmen *kann*. Und seine Wirklichkeit ist von so vielen Faktoren abhängig und befindet sich im ständigen Fluss.

Was nützen hier objektive Informationen? Vielleicht können sie als Bezugspunkt dienen, um Orientierung zu sein. Aber im Sinne von Rechthaberei helfen sie niemandem. Sie stoßen eher ab. Gute Kommunikation lässt dem Gesprächspartner seine subjektive Weltsicht. Wie viel mehr können Sie erreichen, wenn es Ihnen gelingt, den anderen in seiner Sicht zu verstehen?

Ein anderer Gedanke ist der, dass *das Recht zu haben* auf die eigene Subjektivität den Gesprächspartner *selber* gerade mit *seiner* Art der Wahrnehmung *aufwertet*. Nicht er irrt sich zwangsläufig, weil er nicht objektiv *genug* ist. Sondern wir erhalten eine Chance, teilhaben zu können. Das schafft Achtung vor dem anderen und den nötigen Respekt im Umgang mit dem anderen!

Checkliste

 Wir kommunizieren immer, fortwährend!

- Die wichtigste Ebene ist die Beziehungsebene, denn dort entscheidet sich die Qualität eines Gespräches!
- Wir kommunizieren eindeutig und vermeiden paradoxe Situationen!
- Freundliches Gesicht, kompetenter Händedruck, klare Aussprache!
- Jeder Kunde wird begrüßt, selbst wenn es erst einmal nur ein Blick sein kann!

 Entscheidend ist, was ankommt!

- Der Kunde hat (fast) immer Recht!
- ... Hauptsache wir führen ihn zum Abschluss!
- Wir beobachten, wie unsere Nachrichten ankommen!
- Wir fragen bei wichtigen Inhalten nach!

 **Leidet das Selbstwertgefühl, dann leidet die Kommunikation!**

- Wir wirken niemals überheblich oder rechthaberisch!
- Wir sind achtsam dem Kunden gegenüber und sprechen seine Sprache!
- Der Kunde hat ein Recht auf seine subjektive Wahrnehmung!

Noch einmal der Eisberg

In der Zusammenfassung betrachtet stellt sich also folgendes Bild dar:

Nach einer Schulzeit z. B. von zehn oder 13 Jahren haben wir gelernt, unseren Kopf gut zu gebrauchen. Wir wissen universell mehr als die besten Wissenschaftler noch vor 50 Jahren.

Wir fügen noch eine Berufsausbildung und andere Lehrgänge über die Jahre hinzu. Vielleicht studieren Sie in den nächsten Jahren noch weitere Inhalte; und doch, Sie füttern nur den Kopf oder anders formuliert: Ihre Psyche und Ihr ganzes Selbst profitieren nur zu 10% von Ihren Anstrengungen.

Bitte seien Sie nicht ungehalten. Es geht nicht um eine Abwertung oder generelle Infragestellung Ihres trainierten Verstandes; es geht vielmehr um die Bewusstmachung eines wichtigen Umstandes im Umgang mit Menschen.

In der oben gezeigten Grafik sehen Sie im Kopfbereich die harten Faktoren, nämlich die, die man messen und rasch bewerten kann. Im unteren Teil, dem Bauchbereich, sind Inhalte vorgeschlagen, die als *weiche* Faktoren unserer Psyche durch uns zu kultivieren sind.

In einem Gespräch z.B. reden Sie mit einem anderen Menschen über eine Sache und tauschen Gedanken oder Strategien aus. Zwischen den Zeilen des Gesagten hören Sie die nonverbalen, also die nicht gesprochenen Hinweise über das Miteinander heraus. Es tut Ihnen gut, an Menschen zu geraten, die eine gewisse Wärme ausstrahlen. Es ist wunderbar angenehm für Sie, wenn Sie auf Menschen treffen, die einfühlsam sind. Sie müssen nicht erst durchdenken, wie Sie sich dann fühlen.

Sie fühlen sich angenommen, und dies ist für jeden Menschen von unbedingter Wichtigkeit.

Stellen Sie sich vor, dass entsprechend dieser Grafik z. B. die Entscheidung, ob Ihr Kunde bei Ihnen kaufen wird, vom Bauch zu 90% *dominiert* wird.

Beachten Sie bitte, dass:

»Je größer die Bedeutung einer anstehenden Entscheidung, eines zu erwartenden Problems und der zu erwartenden Konsequenzen ist, desto wahrscheinlicher wird das emotionale System (unser Bauch, 90%) obsiegen!« (Forschungsergebnisse: GERHARD ROTH, Professor für Verhaltensphysiologie an der Universität Bremen, 1991)

Oder fragen Sie sich, ob Sie Werbebotschaften aus Funk und Fernsehen wirklich geistig reflektiert haben, bevor Sie zum Einkauf schreiten?

Es ist keine Kunst vorherzusehen, dass im Falle eines umgekehrten Verhältnisses von 90% Kopf und 10% Bauch keine teuren Werbezeiten im Fernsehen, im Kino und keine Werbung an den Plakatwänden und Litfaßsäulen auf diesem Planeten mehr nötig wären.

Wie *logisch* sind Werbebotschaften? Im besten Falle überhaupt nicht. Es dominiert eindeutig der Bauch! Werbebotschaften sind also viel mehr *psychologisch*!

Alles, was mit dem Bauch entschieden wird, wird mit dem Kopf begründet!

Dass uns manchmal der Kopf raucht, wundert da nicht mehr. Wir kaufen Kleidung, die nicht wirklich besser als die anderen Angebote ist, schon deswegen, weil dort ein Logo einen gewissen Geschmack und Lifestyle unseren Freunden und Nichtfreunden (denen erst recht) präsentiert. Wir tragen Schuhe, die weder bequem noch gesundheitsförderlich sind, weil es so wichtig ist, sie zu besitzen. Wir kaufen Autos für die Familie am besten neu vom Händler. Dass es irgendwie unsinnig ist, im ersten Jahr des Autobesitzes zwischen 25 und 40% des Neuwertes zu verlieren, ist logisch, aber es interessiert nicht, weil der Bauch entscheidet. Wir kaufen *jetzt* eine neue Wohnungseinrichtung, obwohl es gerade *jetzt* nicht sein müsste. Möbelkauf ist Psychologie pur. Menschen wollen sich oder neue Lebensumstände zum Ausdruck bringen. Dafür müssen dann alte Möbel raus und neue Möbel her. Menschen möchten Möbel kaufen, um etwas *Wesentliches* zu verändern! Das ist nicht Kopf, das ist Bauch vom Feinsten.

Vielleicht möchten Sie Ihrer Partnerin oder Ihrem Partner einen wirklich tollen Schmuck kaufen und überreichen, damit er oder sie wirklich realisiert, dass er oder sie der wichtigste Mensch für Sie ist. Rein logisch betrachtet erhöht eine Panzerkette aus Gold, eine echte Perlenkette oder ein besonders hochkarätiger Diamantring nicht wirklich das Verständnis von Gemeinsamkeit. Wenn schon vor dem Kauf des Schmuckes Ihr Partner es kaum hat verstehen können, dass er oder sie es ist, den Sie über alles setzen, wieso sollte rein logisch betrachtet eine Kette aus Edelmetall oder aus perlmuthaltigen Ausscheidungen bzw. geschliffenem Kohlenstoff mehr erreichen, als Ihre zärtlichsten Worte?

Was glauben Sie, wie häufig geben Ihre Kunden mehr Geld aus, als es eigentlich gemessen an deren Verhältnissen sinnvoll wäre?

Sich *gut* zu fühlen, sich *wichtig* zu fühlen, das lässt man sich gerne etwas kosten. Betrachten Sie einmal nur die üblichen Autowerbungen. Es ist wirklich geniale Werbung! Immerzu fahren dort Autos über Serpentinen und durch Innenstädte, und nie ist Gegenverkehr oder ein anderes Auto zu sehen, was den Genuss stören würde. Welchen Wagen Sie in der Realität auch immer fahren werden, Sie werden es immer wieder mit nervigen Autofahrern auf Ihren Straßen zu tun haben. Was uns gezeigt wird, ist Eleganz, immerzu jede Menge Platz, selbst im kleinsten Auto, Fahrspaß, hocherotische sportliche Frauen und wirklich markante Männer.

Die Autovermietung E-Sixt brachte es vor einigen Monaten treffend auf den Werbe-Punkt: »Demütigen Sie Ihren Nachbarn!« Vielleicht kennen Sie den Spot: Da schneidet ein Mann seine Hecke und sieht beim Blick über die Hecke das Auto seines Nachbarn. Der heckenschneidende Nachbar in diesem Spot lässt die Schultern fallen.

Diese Formulierung verrät, worum es geht:

Die Wirtschaft lebt von Menschen, die Geld ausgeben,
welches sie nicht haben, um denen zu gefallen,
die sie nicht leiden können!

Nochmals, das ist nicht Kopf, das ist Bauch. In einem anderen Spot »streichelt« ein glücklicher Autobesitzer im Vorgarten seines Häuschens seinem Auto mit einem weichen Schwamm zärtlich über die Motorhaube, während sein Nachbar grimmig dem Treiben dieses Wagenbesitzers zuschauen muss. Interessant ist doch, dass von *der Liebe zum Auto* überhaupt die Rede sein kann. Logisch ist das allemal nicht, aber psychologisch macht es Sinn.

Ihr Zukunftsorgan

In den vergangenen Kapiteln haben wir sehr viel über das Unbewusste erfahren. Das Unbewusste ist eine unerschöpfliche Kraftquelle; es ist Ihr Zukunftsorgan!

Kennen Sie so eine Situation: Sie haben plötzlich einen Gedanken und dürfen ihn nicht vergessen? Sie haben nun aber keinen Notizblock. Jetzt kommt noch ein zweiter Gedanke, ein dritter Gedanke hinzu. Und schon wird es mühsam und anstrengend, diese drei Gedanken zusammenzuhalten und sie eben nicht zu vergessen. Und wenn Sie dann noch Angst entwickelten, Sie würden die Gedanken nicht festhalten können, sind sie schon entschwunden! Das Bewusstsein ist sehr stressanfällig, und in der Merkfähigkeit ist es oft

eher flüchtig. Anders verhält es sich mit dem Unbewussten. Das Unbewusste vergisst nichts. Rein gar nichts! Alle Erlebnisse, alle Gefühle, alle Bilder, Gerüche und Geräusche; alles, was unser Leben begleitet hat, findet sich unlöschbar abgespeichert in ihm wieder.
So können auch Sie z. B. bei bestimmten erinnerten Bildern plötzlich auch Gerüche wahrnehmen. Kennen Sie das?

Wie genial könnte es sein, wenn es uns gelänge, diese Speicherfunktionen für uns jederzeit nutzbar zu machen? Stellen Sie sich bitte einmal vor, was es für Sie an Nutzen bringen würde, wenn es Ihnen gelingen würde, die für Sie wichtigen Dinge, wie Ziele, Hoffnungen und Wünsche, Ihrem Unbewussten zu übergeben, dann brauchten Sie nicht mehr täglich an Ihre Ziele und Wünsche zu denken; das übernähme dann ab sofort Ihr Unbewusstes.

Besser noch, stellen Sie sich ergänzend vor, dass Ihr Unbewusstes für Sie arbeiten und Ihren weiteren Weg zielgerichtet ausrichten würde. Diese Vorstellung wirkt zugegeben leicht fantastisch. Auch deshalb, weil die Kontrolle über die unbewussten Abläufe nicht herstellbar ist. Und das, was dies alles so unkontrollierbar macht, ist die Tatsache, dass es sich eben unserem Denken entzieht. Aber genau dies ist die wichtigste Aufgabe Ihres Unbewussten!

Alles, was Sie sich wünschen und vorstellen können,
soll und wird Ihr Unbewusstes realisieren. Wirklich alles!

Der Philosoph RENÉ DESCARTES (1596 – 1650) prägte die berühmte Feststellung: »Ich denke, also bin ich!« Der Mensch denkt, also existiert er! Angesichts dieser Erkenntnisse über die Kraft des Unbewussten sollten wir ergänzen:

*Der Mensch fühlt, also gestaltet er -
der Mensch glaubt, also schafft er Realitäten!*

Und was hat der Eisberg nun mit Ihrer Arbeit zu tun?

Es geht natürlich bei Ihrer Arbeit wesentlich um Ihre Kunden. Und die sind bekanntlich Eisberge. Keine Frage. Aber wesentlich ist bei der Betrachtung des Eisbergmodells auch, dass Sie erkennen, dass auch Sie wesentlich Eisberg sind! Auch Sie *bestehen* zu 90% aus einem unbewussten *Bauch*. Selbstverständlich ist es großartig, wenn Sie im Verkauf über das Wesen der Eisberge Bescheid wissen. Sie verstehen Ihre Kunden sozusagen auf einer ganz anderen Ebene.

Aber was soll es nützen, wenn Sie selber mit Ihrem Bauch nicht umzugehen wüssten? Wissen Sie über Ihren Bauch Näheres? Wissen Sie, was ihm guttut? Oder mit anderen Worten: Wie sollen Sie jemals einen Menschen wirklich begeistern können, wenn Sie in Ihrem Bauch eher nur Ungutes mit sich tragen würden?

Wussten Sie, dass heute ein sechsjähriges Kind tatsächlich im statistischen Mittel mehr als 500 Fernsehleichen hat sehen müssen? – Kein Bild verlässt je die Seele, jedes Bild beeinflusst uns auf der seelischen Ebene fortwährend! … Was ist mit Ihnen? Was haben Sie schon alles gesehen, erlebt und erfahren?

Kosmetik für die Seele

Es gibt ein kleines, aber feines Programm, die eigene Seele aufzuladen oder sie nach schweren Zeiten wieder aufzurichten. Vielleicht werden Sie nach Absolvieren der Übung stärker sein, als je zuvor?

Eigentlich ist die kleine Übung keine echte Kosmetik, sondern mehr. Bei Kosmetik verändern wir lediglich die Oberfläche, aber nicht wesentlich den Kern. Bei dieser Übung ist es aber umgekehrt. Wir möchten an den Kern. Vielmehr wird über die eintretenden Veränderungen im Kern unser Äußeres umgestaltet.

Morgens um 6.30 Uhr in Deutschland. Denken Sie sich einmal, dass die allermeisten sofort nach dem Aufstehen ins Bad wanken, das Licht einschalten, in den Spiegel schauen und denken: »Ach du liebe Güte! Wie siehst du denn schon wieder aus? Furchtbar!«

Was macht das mit Ihnen?

Denken Sie noch eine Stufe weiter: Sie stehen morgens um 06:30 Uhr auf und Ihr Partner schaut Sie an und schimpft: »Siehst du aber schlimm aus! So kannst du nicht unter die Leute gehen. Das Alter macht dich wirklich hässlich. Schließe lieber das Badezimmer ab, damit die Kinder keinen Schrecken bekommen!«

Wie würden Sie sich fühlen bei einer solchen Begrüßung am Morgen?

Egal wie wichtig dieser Partner für Sie wäre, Sie würden spätestens nach vier Wochen die Beziehung beenden, um Ihr Seelenheil einigermaßen zu retten. Solche Partner können Sie zur Not austauschen. Aber können Sie das auch mit sich selber?

Die meisten Menschen in unserem Kulturraum treten morgens vor den Spiegel und schimpfen mit sich selber. Im Zweifel noch schlimmer als der eben erwähnte Partner.

Was macht das mit Ihnen? Kennen Sie das? Steter Tropfen höhlt den Stein!

Wie kann ein Verkäufer begeistern, wenn es selber in seiner Seele nie ausreichend ist? »Ich hätte ein toller Ingenieur werden können, doch jetzt bin ich nur Verkäufer.« Wer so denkt, der wird nie Menschen für sich gewinnen können. »Eigentlich wollte ich leidenschaftlich Mechaniker werden, doch jetzt verkaufe ich nur noch Autos.« Oder: »Ich habe nichts Besseres gelernt, da bleibt mir nur noch der Verkauf!«

Diese Gedanken immer wieder wiederholt, üben eine verheerende Wirkung auf Ihren Bauch, Ihr Unbewusstes und Ihren Verkaufserfolg aus.

Wenn Verkäufer auch Eisberge sind, dann müssen Sie unbedingt auch auf Ihre innerseelischen Befindlichkeiten achten. Das ist Ihr wichtigstes Kapital – um gewinnend zu sein!

Probieren Sie es einmal aus: In den nächsten vier Wochen stehen Sie morgens um 6.30 Uhr auf, gehen ins Bad und strahlen sich einmal an! Nicht nur dies. Sie gehen an keinem Spiegel oder Schaufenster vorbei, ohne sich mindestens in Gedanken freundlich zuzuzwinkern. Wenn Sie Autofahren, dann schauen Sie doch auch ab und an in den Rückspiegel, um sich kurz zu sehen. Dann schauen Sie in den nächsten vier Wochen strahlend sich selber an. Mehr nicht. Das ist alles.

Nach vier Wochen kennen Sie und Ihre Freunde Sie nicht wieder! Sie haben sich verändert. Sie werden überrascht sein. Wirklich.

63

Achten Sie darauf, dass Sie auch tatsächlich mit sich sprechen! Nette Gedanken sind toll. Aber die Wirkung dieser Übung entfaltet sich umso schneller, als dass Sie laut mit sich sprechen. So vielleicht: »Guten Morgen, heute ist ein neuer Tag. Schauen wir mal, was wir heute Schönes erleben können. Ich mag dich! Ich finde dich klasse!« Meine Erfahrung in der Seminararbeit ist die, dass die meisten Teilnehmer an dieser Stelle schmunzeln und leicht ungläubig ihren Trainer anschauen. Den einen geht durch den Kopf: »Redet der wirklich so mit sich selbst?«, und andere fragen sich, was wohl die anderen denken würden, wenn sie erfahren würden, dass man sich selbst anlächeln und ansprechen würde. „Das kann der Trainer doch nicht ernsthaft meinen!"

Doch er kann. Halten Sie diese Übung nur einmal vier Wochen durch. Tun Sie es, fragen Sie nicht. Und fragen Sie um Himmels willen andere nicht um Erlaubnis oder so. Probieren Sie es aus. Sie werden begeistert sein. Es wird Sie förmlich umhauen!

Und tun Sie sich selbst den Gefallen, sprechen Sie tatsächlich mit niemandem über Ihre Aktion. Selbst Ihrem Partner sagen Sie vor Ablauf der vier Wochen nichts.

Hinterher werden Sie es wahrscheinlich auch nicht mehr erzählen wollen, weil das Ergebnis wichtiger ist, als der Weg dorthin. Es kann sogar sein, dass Ihre besten Freunde nach der Sorte der Droge fragen, die Sie so verändert hat.

Was Sie aber ernsthaft tatsächlich erreichen werden, ist eine allmähliche Veränderung Ihrer Selbstwahrnehmung und Ihres Selbstbewusstseins. Sie werden beobachten, dass Sie sich in schwierigen Situationen viel sicherer fühlen und Menschen, die anders sind als Sie, viel schneller werden *drehen* können.

Sie wirken ab sofort sympathischer, ruhiger, anziehender, souveräner und begeistern Ihre Kunden dauerhaft!

In den vier Wochen Ihres Selbstversuches sollten Sie in jeden Spiegel lächeln, der Ihnen über den Weg *läuft*. Kniepen Sie sich doch mal zu. Vielleicht im Schaufenster, vielleicht im Rückspiegel Ihres Autos!

Und wenn Sie alleine im Auto sind, dann denken Sie daran: Sprechen Sie laut. Ob Sie es glauben oder nicht: Ich mache das immer noch so.

Denken Sie sich, Sie könnten zu sich selbst sagen: „Ich bin mein bester Freund. Ich halte zu mir. Ich glaube an mich!"

Seit vielen Jahren benutze ich Diktiergeräte, um meine Gedanken festzuhalten und meinen Kopf für neue Gedanken z. B. beim Autofahren zu entlasten. Und bis zum heutigen Tag ist es eine überflüssige, vielleicht schrullige und sicher auch eine liebenswerte Angewohnheit, mir selbst auf das Band Anweisungen und Hinweise mit *Bitte* und *Danke* zu sprechen.

Beim Sprechen empfinde ich es als selbstverständlich, beim Abhören schmunzele ich immer wieder. Irgendwie *freue* ich mich, dass ich so nett mit mir selbst umgehen kann.

Die Geschichte mit dem Tausendfüßler

Es war einmal ein Tausendfüßler, der mit seinen tausend Beinen ganz fantastisch tanzen konnte. Wenn er tanzte, versammelten sich die Tiere des Waldes, um ihm zuzusehen, und alle waren von seiner Tanzkunst zutiefst beeindruckt. Nur ein Tier mochte den Tanz des Tausendfüßlers nicht leiden, eine Kröte. »Wie schaffe ich es nur, dass der Tausendfüßler zu tanzen aufhört«, überlegte sie. Sie konnte ja nicht einfach sagen, dass ihr der Tanz nicht gefiel. Und sie konnte auch nicht behaupten, sie könne selber besser tanzen, denn das würde ihr niemand abnehmen. Schließlich heckte sie einen teuflischen Plan aus. Sie setzte sich hin und schrieb dem Tausendfüßler einen Brief.

»Oh Du unvergleichlicher Tausendfüßler!«, schrieb sie. »Ich bin eine ergebene Bewunderin deiner erlesenen Tanzkunst. Und ich wüsste gern, wie du beim Tanzen vorgehst. Hebst du erst das linke Bein Nummer 228 und dann das rechte Bein Nummer 59? Oder beginnst du den Tanz, indem du das rechte Bein Nummer 26 und dann erst das linke Bein Nummer 499 hebst? Ich warte gespannt auf deine Antwort. Freundliche Grüße, die Kröte.« Als der Tausendfüßler diesen Brief bekam, überlegte er sich zum ersten Mal in seinem Leben, was er beim Tanzen eigentlich machte. Welches Bein bewegte er als erstes? Und welches Bein kam dann? ... Der Tausendfüßler hat fortan nie mehr getanzt! ...

Und die Moral von der Geschichte: Genau das kann geschehen, wenn das Denken die Fantasie und die Intuition erstickt!

Wie ist da Ihre Erfahrung? Die Fähigkeit, zu denken, ist so wunderbar. Aber, wie in dieser kleinen Geschichte beschrieben, diese Fähigkeit bedeutet nicht alles, um in einer Sache besonders gut und/oder glücklich zu sein oder zu werden. Die hohe Kunst in einer Sache, wie z. B. ein Instrument zu spielen, vielleicht das Schöpferische in der Kunst auszuleben, eine Kampfsportart zu beherrschen oder eine Sprache zu erlernen, können Sie nur unter Ausschluss des Denkens perfektionieren.

Dies bedeutet nicht, dass sich dumme Menschen professionalisieren können, sondern vielmehr dies, dass gerade die, die denken können, sich steigern können, wenn sie lernen, das Denken zu überwinden und sich der Intuition (dem Bauch) hinzugeben.

Zurück zu unserem Gedanken, das Unbewusste zu nutzen. Das Unbewusste kann durch Sie selbst oder durch andere Menschen beeinflusst werden. Und das ist für Ihre Zukunft entscheidend. Nämlich alles, was wir verinnerlichen, indem wir es glauben und/oder ständig wiederholen, das gewinnt in unserem »Zukunftsorgan« an Realität.

Erzählen Sie sich nur immer und immer wieder, dass Sie sowieso nicht sprachbegabt sind, dann werden Sie nie eine Fremdsprache erlernen können. Glauben Sie fest an Ihre Fähigkeiten, und Sie haben die Fähigkeiten. Glauben Sie, dass Sie viel zu kompliziert für eine Beziehung sind, und wiederholen Sie diesen Gedanken nur oft genug, dann sind Sie ein komplizierter Zeitgenosse, der anstrengend wirkt. Sie werden Recht behalten.

Glauben Sie, für Ihre Kunden der Beste zu sein, dann werden Sie es auch. Vielleicht glauben Sie, dass Ihnen die Arbeit an sich und Ihrem Erfolg Spaß macht, dann werden Sie sich mit wachsendem Vergnügen entwickeln. Dies beschreibt die Methode der Autosuggestion.

Egal woran ein Mensch glaubt, er behält immer Recht!
(Nikolaus B. Enkelmann)

Glauben Sie an Ihre Zukunft und malen Sie sich Ihren Zielzustand, so gut es eben geht, gedanklich aus. Dieses Bildermalen nennen wir visualisieren. Visualisieren Sie Ihren großen Verkaufserfolg. Stellen Sie sich vor, Sie halten Ihren Kaufvertrag in Ihren Händen. Wie fühlt sich dieses Papier dann an?

Vielleicht möchten Sie Ihr Handelsunternehmen vergrößern? Stellen Sie sich nur oft genug ein Bild vor, das Sie im Sommer abends Ihr größeres Ladenlokal schließen und anschließend auf Ihrem eigenen Kundenparkplatz noch die Sommersonne glücklich genießen können. Fühlen Sie das? Sind Sie schon jetzt in der Lage, sich vorzustellen, wie Ihr liebster Mensch an Ihrer Seite Sie umarmen und herzen wird, weil Sie einen unglaublichen Erfolg erarbeitet haben? Je genauer Sie dies heute schon vordenken und vorfühlen können, umso selbstverständlicher wird Ihr Unbewusstes, Ihr Zukunftsorgan, Sie an Ihr Ziel führen!

Damit wir uns nicht missverstehen: Die Arbeit werden Sie schon investieren müssen. Aber es schafft sich leichter. Sie werden über sehr viel mehr Energien verfügen als alle die, die ihre Zukunft als Last empfinden.

Das Unbewusste schläft nie, es wacht über Sie und Ihren Weg.

Egal wohin Sie wollen, es wird Sie nach vorne in Richtung Zukunft bringen. In der Psychologie gibt es einen feststehenden Begriff für dieses Phänomen: die *selbsterfüllende Prophezeiung*. Das Unbewusste sorgt dafür, dass das eintritt, was Sie sich wünschen, selbst wenn es nicht gut für Sie wäre.

Ihr Wunsch ist sein Befehl!

Kennen Sie den Unterschied zwischen positiv und negativ Denkenden?

Es gibt keinen! Beide sind einseitig Irrende. Nur, der positiv Denkende lebt gesünder, hat mehr Spaß im Leben und deutlich mehr Freunde!

Checkliste

 Das Wesentliche läuft unbewusst ab!

- Die Logik entscheidet im Verkauf nur zu 10%!
- Das Vertrauen ist das wichtigste Gefühl!
- Gewinnen Sie das Vertrauen Ihrer Kunden!

 Alles wird im Bauch entschieden, der Kopf denkt nur, dass er entscheiden könnte!

- Sich gut zu fühlen, kommt aus dem Bauch!
- Sich gut zu fühlen, kann man sich nicht denken, oder?

Sie haben ein Organ, welches Zukunft gestaltet!

- Ihr Unbewusstes ist eine Energiequelle!
- Füttern Sie Ihr Unbewusstes mit schönen Dingen!
- Alles, was Sie sich wünschen, passiert!
- Wünschen Sie sich daher nur gute und schöne Dinge!
- Ihr Glaube an sich selbst ist unerschütterlich!
- Aber: Alles, was Sie befürchten, wird durch die intensive Beschäftigung oder Vorstellung immer wahrscheinlicher, je länger Sie es befürchten und somit mit Energie versehen. Ihr Zukunftsorgan folgt Ihren Vorstellungen!

Machen Sie DIE Spiegelübung!

- Lächeln Sie Ihr Spiegelbild an!
- Sprechen Sie sich gut und motivierend zu!
- Halten Sie unbedingt durch – egal was die anderen dazu sagen!

Die Anekdoten-Technik

Die Anekdote bietet sich als wunderschönes Hilfsmittel an, um beispielsweise etwas anzusprechen, was Sie sonst im Gespräch zur Vermeidung von schwierigen Situationen nicht direkt thematisieren können.

Stellen Sie sich einmal vor, da bedienen Sie einen Kunden, der den *Anschein* macht, dass er noch nicht einmal die wichtigsten Grundbegriffe Ihrer Produkte kennt. Jetzt einfach nur zu fragen: »Kennen Sie denn nicht das GS-Zeichen für *Geprüfte Sicherheit*?«, wäre nicht wirklich geschickt, oder?

Jetzt greifen Sie besser zur Anekdote: »Denken Sie sich, ich hatte vor einer Woche … ach was sage ich, nein, vor 1½ Wochen einen Kunden, der ähnlich wie Sie nach einem Produkt für … Ausschau hielt. … Was ihm ganz wichtig im Gespräch war, dass das Produkt unbedingt das GS-Zeichen tragen musste! Dem Kunde war die Geprüfte Sicherheit sehr wichtig! …!« Jetzt kann Ihr Kunde ganz ungezwungen entscheiden, ob er sich mit dem *Vorgänger* identifiziert und ohne Gesichtsverlust (Blamage) zurückfragen kann, was denn dabei zu beachten sei.

Wenn er nicht reagiert, dann können Sie noch einen nachlegen: » … Dabei kam nämlich heraus, dass einige Bürostühle tatsächlich kein GS-Zeichen tragen. Wer setzt sich heute noch auf einen Billigstuhl?«

In einem Seminar in der Schweiz erhielt ich von zwei Damen einen heftigen Protest zur Anekdoten-Technik. Das sei alles nicht wahrheitsgetreu. Der christliche Glaube dieser beiden Damen sei gegen solche Technik. … Ich gebe zu, das machte mich einen Moment sprachlos. Weder wollte ich zur kollektiven Unwahrheit, noch zu unmoralischem Verhalten aufrufen.

Mir geht es vielmehr um eine Form, Themen oder besser noch Apelle so zum Ausdruck zu bringen, so einzusetzen, dass sie nicht verletzen oder despektierlich wirken. So können Sie beispielsweise, auch wenn Sie noch so recht empfinden, dem Kunden nicht etwa sagen, dass er in seinem Alter doch besser die richtige Entscheidung zu treffen habe. Das geht einfach nicht, das erlauben die Umgangs- und Höflichkeitsformen nicht, selbst für den Fall, dass Sie Recht besäßen.

Diese Situation ist genauso »vertrackt«, wie folgende: Sie sind Mutter oder Vater eines 2jährigen Kindes. Ihr Kind malt Ihnen ein Bild. Das Kind präsentiert Ihnen nun das Bild, und es ist ganz stolz auf sich. Welche Mutter oder welcher Vater brächte es jetzt über Herz, dem Kind von Perspektive oder dem goldenen Schnitt zu erklären? Wer würde »ehrlich« sagen, dass das Bild wirklich schrecklich aussieht? Nach allen bekannten Regeln der Kunst ist das vorliegende Bild furchtbar schräg. … Obwohl für den Liebenden niemals! … Ist das unwahr? Nein! Ist es nicht. Wenn wir als Eltern die Bilder unserer Kinder betrachten, dann sehen wir »dahinter«. Wir sehen die Mühe, die Liebe und die Begeisterung für dieses Bild. Ein solches Gemälde »kann« niemals schlecht oder falsch sein!

Andere Situation: Sie sind bei Ihrer Mutter mit Ihrer Familie zum Essen geladen. Mutter ist schon deutlich in die Jahre gekommen. Eigentlich möchten Sie nicht, dass Mutter sich so viel Arbeit macht. Aber die alte Dame freut sich immer so sehr über den Besuch, dass Sie es nicht übers Herz bringen, Ihr abzusagen. Ihren Kindern, die Sie mit zu Oma nehmen wollen, machen Sie klare Ansagen, dass sie nicht meckern oder vorlaut werden sollen.
Und nun wird aufgetischt. Kartoffeln, Gemüse und einen Sonntagsbraten. Leider, weil Ihre Mutter nicht mehr richtig sehen kann, hat sie die Gewürze ein wenig vertauscht. Wer, der ein Herz in der Brust hätte, würde dann dieser alten Dame erklären wollen, wie furchtbar es schmeckt? … Nein, wir würden essen! »Mutter, es schmeckt wie immer wunderbar!« … Gelogen? Nein, »geliebt«!

Sie kennen das doch. Da beraten Sie Stunde um Stunde das einkaufende Paar. Die Küche soll perfekt werden. Und doch entstehen immer wieder widersprüchliche Situationen. Die Kunden möchten solide Qualität und wählen nicht das billigste. Und doch: Immer wieder die Sache mit dem dann doch zu hohen Preis. Wie gerne würden Sie sagen: »Liebe Kunden, wenn wir die Sache mit der Planung wirklich gut machen, dann wird diese Küche tatsächlich die letzte Küche Ihres Lebens werden! … Sehen Sie, aus diesem Grunde sollten Sie dann auch nicht zu knauserig sein!«

Schauen Sie sich den »wahren« Kern dieser Aussage an, so sagen Sie, dass Sie eine langlebige Küche verkaufen wollen. Auch heben Sie die Besonderheit eines Küchenkaufs in den Vordergrund. Und zu guter Letzt möchten Sie noch motivieren, dass eine solche »letzte« Küche auch etwas Besonderes sein darf. …

Was passiert im oben genannten Beispiel? »Unverschämtheit!« … Der Kunde springt auf und knallt die Türe. … Funktioniert also so nicht!

»Schatz, schmeckt Dir mein gekochtes Essen?« Bitte sagen Sie die Wahrheit, wenn es wirklich schmeckt. Das macht Sinn. Denn dann werden Sie auch in der Folgezeit immer wieder diese köstliche Kreation serviert bekommen. …

Und wenn es nicht schmeckt, vielleicht dies: »Liebling, Dein Essen schmeckt sehr besonders! … Ich kann mir vorstellen, dass es zu dieser Frage unterschiedliche Antworten gäbe. … Ich für meinen Teil finde besonders die Kruste des Fleisches gut gelungen!«
Schauen Sie, Ihr Mann oder Ihre Frau wird wissen, ob es wirklich gut oder nicht so gut gelungen ist. Sie aber sagen im letzten Beispiel nicht die Unwahrheit, sondern sehr, sehr liebevoll, dass Sie mitbekommen haben, dass er oder sie sich so viel Mühe gemacht haben.

Die 6 Schritte zur perfekten Anekdote!

Die folgenden sechs Schritte sind in vielen Jahren meiner Verkaufstätigkeiten sozusagen »entwickelt« und tausendfach erprobt worden. Wenn ich Ihnen die Inhalte der Reihe nach vorstelle, dann ist dies kein echtes Schema, sondern vielmehr wie eine Garantie für viel Unterhaltung Ihres Gegenübers.

Jeder Kunde hat ein Recht auf Unterhaltung!

Kennen Sie das auch von sich selber? Sie fühlen sich gut verstanden und perfekt unterhalten. Das macht doch sympathisch und steigert die Kauflaune!

Um es auf den Punkt zu formulieren: Die Anekdote ist zwar eine erfundene Geschichte, die erzählt wird, aber der Inhalt, der Kern, der ist wahr! Dient eine »Geschichte« dazu, Vorteile zu vermitteln oder neue Aspekte behutsam anzubieten, so ist dies ein wunderbares Mittel, anderen zu einer guten Entscheidung zu verhelfen.

Bitte machen Sie sich an dieser Stelle noch einmal deutlich, dass kein Kunde gezwungenermaßen in Ihrem Hause ist. … Wären Sie ein Handlungsreisender, der ungebeten an den Türen seiner potentiellen Kunden klingelt, so könnten Sie mit Anekdoten vielleicht in die ethische Bredouille kommen. … Ihre Kunden kommen zu Ihnen, weil bisher noch niemand wirklich überzeugender war oder ist, als Sie es möglicherweise aus Sicht des Kunden sind oder sein können!

Ihre Kunden *wollen* unterhalten werden!

Verständnis aufbauen

Denken Sie sich diesen ersten Schritt wie den Start einer Einwandbehandlung. Da ist es auch wichtig, mit einer sogenannten Abfangformulierung den Kunden auf die eigene Seite zu bekommen. Besser noch: Es gelingt, auf die Seite des Kunden zu gelangen.

Die Kunst des Verkaufens ist es immer, aus der Perspektive des Kunden das Produkt oder das Angebot betrachten zu können.

Frei nach der Devise: »Ich bin auf Ihrer Seite« - geht es nun darum, dem Kunden klar zu machen, dass seine letzte Aussage sehr gut nachvollziehbar ist. Am besten ist es auch hier, wenn Sie tatsächlich »Ich verstehe Sie!« in Ihre Formulierung mit einbauen können.

So zum Beispiel: »Herr Kunde, gut, dass Sie darauf hinweisen. Sie haben vollkommen Recht. Diesen Punkt müssen wir unbedingt beachten!« Oder: »Das, was Sie da ansprechen, ist sehr wichtig. Klasse. Kann ich gut verstehen, dass Sie das beschäftigt. *Mein Mann (meine Frau)* ist bei solchen Entscheidungen auch eher vorsichtig!« … Wenn Sie »mein Mann« oder »meine Frau« lesen, dann verhält es sich hierbei ähnlich, wie bei Misses Columbo, die seit 40 Jahren zitiert aber schlussendlich niemals anwesend war. Immer wenn der Inspektor Columbo etwas zu sagen hatte, ohne sich selber in Schwierigkeiten oder Wertungen zu bewegen, tat er dies stets mit den Aussagen seiner Frau.

Rein strategisch macht die Abfangformulierung oben keinen direkten Sinn, wenn Sie erklären, dass Sie genauso wie der Kunde denken. Warum nicht? Na weil Sie keinen Kontrast und keine Überzeugungskraft mehr aufbauen können, für den Fall, dass Sie die noch brauchen!

Um den Sinn und Zweck dieses ersten Schritts zu verdeutlichen, sollten Sie sich folgendes Zitat von Antoine de Saint-Exupéry in Erinnerung rufen:

»Sich zu lieben bedeutet nicht, sich in die Augen zu schauen! Sich zu lieben bedeutet, gemeinsam in eine Richtung zu blicken!«

Gemeinsamkeiten schaffen ist wichtiger, als Gegenpositionen aufzubauen und damit zu konfrontieren.

Ach übrigens

Dieser zweite Schritt ist denkbar kurz und dennoch wichtig! Mit diesem »Ach übrigens« kommen Sie scheinbar zufällig, gerade weil Sie jetzt über dieses Thema sprechen, auf ein Erlebnis genau passend zu diesem Thema. »Zufälle gibt es, die gibt es gar nicht! …«

»Herr Kunde, wo wir gerade darüber sprechen …« Oder: »Frau Kundin, da fällt mir gerade in diesem Zusammenhang ein …«

Je beiläufiger Ihnen der »Einfall« kommt, umso besser!

Zeitliche Korrektur einbauen

Es gibt Geschichten, die zu schön sind, um wahr zu sein! … Meist glauben Sie gewissen Erzählungen nicht, und wissen noch nicht einmal warum. … Ich glaube, ich kann Ihnen helfen: Die Geschichten, die viel zu perfekt erzählt werden, wirken zu glatt, zu geschliffen. Und wozu soll einer eine Geschichte extra »schön« machen, schleifen sollen. Wahrscheinlich, weil sie nicht stimmig, womöglich erfunden ist!?

Mit anderen Worten: Wollen Sie perfekt »erfundene« Geschichten erzählen, dann ist es wichtig, immer eine eigene Korrektur einzubauen! … Stellen Sie sich bitte vor, da will Ihnen einer einen Bären aufbinden. Würden Sie damit rechnen, dass dieser sich mitten in seiner »erfundenen« Geschichte korrigiert? …

»… Ach übrigens (2. Schritt!), wo Sie gerade dieses Thema ansprechen, da hatte ich letzte Woche … letzte Woche? … entschuldigen Sie, was rede ich nur, ich meine vorletzte Woche ebenfalls einen Kunden, … «

Übrigens, statt der zeitlichen Korrektur, können Sie auch offensichtlich bedeutungslose Nebensächlichkeiten einbauen, oder beides?

Bereits als Kind fiel mir auf, dass es eigentlich zwischen der sogenannten Wahrheit und der offensichtlichen Lüge keinen echten Unterschied geben kann. Lediglich das Bewusstsein oder der zugrundeliegende Gedanke entscheidet darüber, was aus Sicht des Erzählers historisch-kritisch erzählt oder frei erfunden wird. Und jetzt raten Sie einmal, wer mich wie auf diesen Gedanken gebracht hat? … Sie kommen nicht darauf: Es war meine Mutter!

Das Verrückte an diesem Umstand ist, dass gerade sie es sein wollte, die mich zu einem wirklich wahrhaften Menschen erziehen wollte. … Keine Sorge, es hat funktioniert, aber weil sie in ihrem Bemühen um die beste Methode maßlos übertrieb, rief sie meine Neugierde oder auch meinen »Forscherdrang« damit auf den Plan.

Damit wir Kinder zuhause immer schön die Wahrheit sagen sollten, behauptete meine Mutter tatsächlich, dass sie die Lüge sofort und bei jedem im Gesicht ablesen könne. Das fand ich spektakulär! Zum einen wollte ich das unbedingt auch können, und zum anderen hätte ich dann auch ein Gegenmittel gegen allzu durchdringende Röntgenblicke entwickelt.

Ich sage Ihnen, ich habe stundenlang vor dem Badezimmerspiegel gestanden und versucht herauszufinden, wie je nach Aussagetyp (erfunden oder wahr) mein Gesicht, mein Mund, meine Nasenpartie oder Sonstiges seine Form verändern würde.

Und irgendwann dämmerte es mir. Es konnte unmöglich das Aussehen, es müssen vielmehr die Inhalte bzw. die Erzählform selber sein, die Verdacht machten, oder nicht.

Meine These konnte ich wunderbar untermauern, in dem ich mir klar machte, dass beispielsweise im Mittelalter ja nicht automatisch alle Menschen mit schiefen Mundwinkeln herumgelaufen sein werden, nur weil sie glaubten und sagten, dass die Erde eine Scheibe sei. … Heute wissen wir, dass dies die Unwahrheit war. Aber damals wurde für diese »Wahrheit« getötet. Selbst der viel gepriesene Pythagoras tötete einen seiner besten Schüler, weil diese den Zahlenbereich der unnatürlichen Zahlen entdeckt und verkündet hatte. Interessant, oder?

Und dann machte ich das Experiment meines Lebens! Ich forderte meine so sichtige Mutter zum Duell. … Eines Tages kam ich von der Schule deutlich verspätet nach Hause. Irgendwo hatte ich absichtlich Zeit vertrödelt, um jetzt zur Höchstform aufzulaufen. Schnell noch mit den Händen durch den Straßendreck, dann durchs Gesicht und kurz über die Kleidung gestriffen. Ich sah fürchterlich aus!

»Kind, was ist dir denn passiert? Wie siehst du aus?« … Und nun kam folgende Geschichte zum Einsatz: »Oh Mama, bitte nicht schimpfen! …« (Was Sie nicht wissen können, und ich deswegen der vollständigkeitshalber noch ergänzen muss, ist die Tatsache, dass zu meiner Kinderzeit mitten in einem sehr dicht bewohnten Stadtviertel von Köln, direkt neben meiner Schule, eine chemische Fabrik ihre stinkende Arbeit verrichtete.) »… Mama, du weißt doch, dass ich auf dem Nachhauseweg immer bei dem Pförtner an dieser Fabrik vorbei komme. … Das ist der Herr Meier. Und der hat seit einigen Wochen einen süßen Schäferhundwelpen. … Der ist so süß! … Ab und an darf ich mit dem Hund spielen. Der Hund heißt Rexi! … Nun ja. Und heute durfte ich tatsächlich mit dem Mann einmal auf einen seiner Schornsteine steigen. … Oh Mama, das war ein so herrlicher Ausblick! … Wenn du da oben bist, dann musst du nur schnell genug sein, um dem Rauch ausweichen zu können. Dann, wenn der Wind sich plötzlich dreht! … Mama, das war so toll!«

Wenn ich ganz offen dies hier heute schreiben darf: Ich freue mich heute noch »ein Loch in den Kopf« angesichts der Fassungslosigkeit meiner Mutter. … Dies war ein Punktsieg auf ganzer Linie! … Wo wegen „Gesichtserkennung“!

Und die Moral von dieser kleinen *wahren* Geschichte?

Seien Sie bitte vorsichtig im Umgang mit Ihren Kindern. Zwar macht manchmal die omnipotente Aura als Mutter oder Vater in der Erziehung Sinn, aber sie ruft auch sicher Ihre Kinder auf den Plan, Sie und Ihre Fähigkeiten zu hinterfragen!

Indirektes Kompliment setzen

Bevor Sie nun die Geschichte erzählen, die es zu erzählen gilt, um den Kunden einen anderen Aspekt erkennen zu lassen, müssen wir noch etwas für den Bauch tun! … Sie lesen richtig.

Wenn Sie sich noch an die Ausführungen zum Eisbergphänomen erinnern möchten, so wissen Sie, dass 90% aller Entscheidungen aus dem sogenannten Bauch, dem Unbewussten heraus getroffen werden. Und ob Sie es glauben oder nicht, der Bauch ist sehr narzisstisch. Er mag es total, geehrt und gelobt zu werden.

Jetzt haben wir es aber leider mit einer paradoxen Eigenart der allermeisten Menschen zu tun. Nämlich die, dass zwar einerseits jeder gelobt und bewundert werden will, aber andererseits Lob und Bewunderung auf das heftigste abgelehnt und abgewehrt werden. Ziemlich merkwürdig, oder?

Vielleicht liegt es daran, dass wir alle, oder sagen wir fast alle, nicht genügend gelobt und anerkannt worden sind. Dies ist kein Vorwurf, sondern lediglich eine Beobachtung. Und irgendwann richten wir uns als Erwachsene, weil wir nun wirklich das Leben und unseren Platz im Leben kennen, auf die nicht ausreichend vorhandene Anerkennungen ein. »Wir sind so, wie wir sind!« Das fängt meistens harmlos an: »Niemand ist perfekt« bis »Ich bin nicht perfekt«. Oder »Ein Mann muss nicht schön sein« bis »Wir machen alle Fehler!«

Nun ja, eigentlich ist an diesen Sätzen nichts besonders. Dumm wird es nur, wenn Ihnen dann einer aber ein Lob plötzlich unvermittelt »rüber faxt«: »Das ist perfekt!« … »Ach was. Nicht wirklich. Das war überhaupt keine Sache.« Oder besser noch: »Du bist ja echt der Kracher!« … »So ein Blödsinn, ich mache hier nur meine Arbeit, mehr nicht!« Noch anders: »Du, ich finde, Du bist ein gutaussehender Mann!« … »Jetzt hör aber auf! Was willst Du eigentlich von mir?« …

Persönlich glaube ich, dass die meisten Menschen Lob, Anerkennung und Komplimente ablehnen, um ja nicht in die Verlegenheit kommen zu müssen, ihre eigene Sicht der eigenen Erscheinung oder Persönlichkeit überdenken zu müssen. Es würde alles Bisherige sosehr infrage stellen.

Und genau aus diesem Grund arbeiten wir also mit einem nicht direkten bzw. mit einem indirekten Kompliment. Die Wirkung ist genial. Sie spenden Ihrem Kunden nicht einfach ein Kompliment, sondern vielmehr machen Sie einem Dritten ein Kompliment und vergleichen Ihr Gegenüber mit diesem

Dritten. Besser noch: Sie setzen Ihr Gegenüber mit dem gerade gelobten, anerkannten oder bewunderten Dritten gleich!

Statt: »Sie sind (doch) ein kluger Mann!« können Sie selber viel leichter sagen: »Da hatte ich mit einem Herrn gesprochen, auch so in Ihrem Alter. Er war sehr gut vorbereitet und wirkte sehr klug auf mich. Einfach klasse. … so wie Sie! … Und der sagte dann … «

Ein anderes Beispiel: Statt: »In Ihrem Alter sollten Sie keine Kompromisse mehr machen!« können Sie sehr viel klüger folgendes formulieren: »… Dann sprach ich mit dieser Dame, eine sehr präsente Frau. … Einfach bewundernswert. Was für eine gestandene Persönlichkeit! … Ich glaube, Sie beiden sind sich da sehr ähnlich! ... Und dann sagte diese Dame plötzlich: »Ich bin nicht mehr jung genug, um falsche Entscheidungen zu treffen!« … Da wollte ich noch was erwidern, dann sagte diese Frau weiter: »Ich habe mein Leben lang gearbeitet, jetzt bin ich dran, mir etwas zu leisten!« … Was sollte ich da noch sagen?«

Geschichte mit Referenz, mit Beweisführung

»Endlich«, werden Sie denken. Ja, jetzt erst dürfen oder sollten Sie Ihre »Geschichte« zum Besten geben! In dieser Phase des lustigen Anekdotenbaus geht es darum, Gemeinsamkeiten mit dem jetzigen Gegenüber und dem erfundenen Dritten zu schaffen. Damit wird klar sein, dass dieser Dritte sich doch tatsächlich mit der gleichen Frage, wie Ihr Gegenüber, beschäftigt haben wird. … »Und stellen Sie sich vor, Herr Kunde, dann sagt doch der Kunde (ganz überraschend) zum Schluss des Gespräches …«

Dies bedeutet, dass wir natürlich den Dritten zu einer klaren Aussage kommen lassen. Ob Sie bereits geahnt haben, oder nicht: Dieser Dritte sagt zufällig genau dies, was jetzt Sie am liebsten Ihrem gegenüber unverblümt, aber leider unmöglich, zu sagen hätten!

Beispiel: Ihr Kunde fragt sich, ob er nicht doch noch besser ein weiteres Angebot einholen möchte. … »Herr Kunde, ich finde das völlig in Ordnung, dass Sie noch woanders schauen möchten. Hier geht es ja auch um etwas sehr Wichtiges! … Übrigens, das ist jetzt höchst interessant. Ich hatte erst vor einer Woche, es war der Freitag … sorry, jetzt werfe ich etwas durcheinander, nein, es war der Donnerstag. Da hatte ich hier auch einen Herrn. Ein sehr gestandener Mann. Wahrscheinlich ein Kaufmann?! Er stellte so viele vorbereitete Fragen … Ich glaube sogar, dass Sie sich sehr ähnlich sind. … Auf jeden Fall kamen wir, so wie heute, an die gleiche Stelle des Gespräches an. … Ich erklärte ihm unsere Arbeit und warum die meisten Kunden uns bisher immer weiterempfohlen haben. Da stutzte dieser Mann einen Moment. … Ich dachte schon, ich hätte zu viel geredet. … Dann sagt dieser Herr doch plötzlich: »Lieber Herr Linn, glauben Sie eigentlich, ich würde um 100 Euro rauf oder runter verhandeln? Vielmehr möchte ich einen Lieferanten, der etwas taugt und zu seinen Zusagen steht! … Ich brauche keinen Großpalast, wo ich nur eine Nummer bin!« … Und Herr Kunde, was soll ich sagen: Er hat sofort bestellt!« …

Emotionaler Abschluss

Zum guten Schluss kommt immer eine Pointe! Aber diesmal, in unserer »gebastelten« Anekdote als emotionaler Höhepunkt und Abschluss.

Wenn Sie dies aus Sicht des Eisberges einmal überdenken möchten, so fällt Ihnen sofort ins Auge, dass genau dieser Abschluss es ist, der dafür sorgt, dass alles an Geschichte und Aussage in den Bauch des Gegenübers eindringen kann.

Oder anders ausgedrückt: Stellen Sie sich vor, die oben geschilderte Anekdote, »100 Euro rauf oder runter« mit dem Ergebnis, dass der Kunde doch tatsächlich bestellt habe, würde nahezu emotionslos vorgetragen. Am besten noch mit hängenden Backen und völlig stupide. … Na? … Ganz offen? … Dann könnten Sie diese Anekdote komplett vergessen. Wichtig ist es jetzt, sich freudig zu zeigen. Strahlen Sie den Kunden an. Es gibt nichts Entwaffnenderes, als jemanden anzustrahlen!

Das wirkt so ähnlich, wie das sogenannte Kindchen-Schema. Wenn ein Säugling oder ein Kleinkind einen Erwachsenen anstrahlt, dann kann der Erwachsene das Kind nur lieben und beschützen wollen. Das ist die Macht des Strahlens, die Macht der Natur, die möchte, dass wir für Kinder durchs Feuer gehen! Und das ist völlig in Ordnung.

Ein jeder, der einigermaßen gesund in der Seele geblieben ist, wird bei einem lächelnden Kind zurücklächeln müssen!

Und ganz genauso, so vermute ich, wirkt Lächeln sozusagen »infektiös«!

Bereits schon vor rund 2.500 Jahre schreibt Lao Tse im Tao Te King den mittlerweile weltberühmten Satz: »Wer nicht lächeln kann, macht kein Geschäft!«

Übrigens: Wussten Sie, dass Möbel und Küche weiblich dominiert eingekauft werden? Wussten Sie es? … Noch besser kommt es jetzt! Wussten Sie auch, dass nahezu in allen weiblich aufgegebenen Kontaktanzeigen das Wort und der Wunsch an den Partner »Humor« die häufigste Nennung ist?

Na, dann ziehen wir doch einmal eins und eins zusammen, oder? Wenn also die Küche in Ihrem Studio weiblich dominant eingekauft wird und Ihre Entscheidungsträgerin tatsächlich bewusst oder möglicherweise unbewusst auf Humor steht, ja dann möchte Ihre Kundin Sie lächelnd und mit Freude erleben!

Und jetzt erzähle ich Ihnen von meinen Erfahrungen im Seminar. Da gibt es einige, die schütteln den Kopf und denken und sagen es auch: »Lieber Linn, das ist doch logisch und ein alter Hut!« … Wissen Sie was? Ich freue mich dann immer. Und nahezu immer sind es diejenigen, die den ganzen Tag über schon von Natur aus freundlich waren!

Es gibt aber auch eine andere Fraktion. Wahnsinn! Das sind Menschen, die mich ungläubig bis verächtlich mustern und den Seminarleiter für völlig überzogen und verrückt halten!

Ja aber, was soll ich Ihnen denn sagen? Die meisten von uns können ja noch nicht einmal spontan *lächeln*! … Da gehe ich im Seminar auf Menschen zu und fordere sie auf, jetzt ihr schönstes Lächeln aufzusetzen. Und was kommt? … »Ich bin doch kein Komiker!« … Nein, guter Mann, nein, gute

Frau, das sind Sie nicht! Sie sind eine Verkäuferin, ein Verkäufer, die oder der unterhalten will. Es geht nicht um Sie, es geht um den Kunden, der im Schnitt für eine Küche in Ihrem Geschäft ca. 12.500 Euro ausgeben möchte. Dieser Kunde hat garantiert schon gelesen, dass man auf frei geplante Marken-Küchen sogar 50% Rabatt bekommen kann. Dieser Kunde sitzt nun vor Ihnen, hat (noch) nicht bei dem Rabattweltmeister eingekauft, und fragt sich ganz eindeutig: »Warum gerade er?« …

Probieren Sie einmal folgenden Versuchsaufbau: Sie kommen morgens in Ihr Geschäft und sehen die ersten Mitarbeiter. Meistens eher merkwürdig drauf, vielleicht sogar schlecht gelaunt. Egal. Und nun gehen Sie auf einen dieser Mitarbeiter zu und sprechen ihn wie folgt an: »Guten Morgen, Herr Mitarbeiter. Geht es Ihnen gut?« … »Ja klar. Alles in Ordnung«, antwortet in aller Regel dieser Mann. Und nun legen Sie nach: »Und warum sieht man es nicht?«

Meinen Sie nicht auch, dass es tausende Gründe gibt, jeden Tag mit einem Lächeln zu beginnen? … Gut, jetzt wird der eine oder andere einwenden, dass ich längst nicht seine Umstände, Frau oder Kinder kennen würde. … Ja, die kenne ich nicht! Und wissen Sie was? Sie kennen weder meine Umstände, meine Frau noch meine Kinder, aber darum geht es auch nicht! Nicht etwa, dass ich mich je beklagen wollte, aber ist Ihnen bewusst, wie gut, wie saugut es uns gerade geht?

Kommen Sie mir bloß nicht mit Krise! … Selbst bei der sogenannten Krise aus dem Jahr 2009 ergeht es uns Deutschen noch sehr gut. … Immerhin sind wir das viertreichste Land der Erde, der Lebensstandard ist enorm, wir sind weder religiös noch politisch bedroht oder verfolgt. Wir können glauben oder sagen, was wir wollen. … Wir können lieben, wen wir wollen.

Ist das nicht ein Grund, das Lächeln wieder neu zu erfinden?

So oder so, unser Kunde ist nicht unser Seelentröster! Was auch immer uns belastet, er ist nicht unsere Klagemauer, sondern möchte wissen, dass alles in Ordnung ist! … Der Kunde möchte gute Gefühle empfinden, damit er sicher sein kann, auf das richtige Pferd gesetzt zu haben. … Geben Sie ihm gute Gefühle, und lächeln Sie ihn an! … Jetzt!

Freuen Sie sich demonstrativ. … Vielleicht sogar über eine perfekt erzählte Anekdote?! Ihr Kunde wird es lieben.

Von wegen erfunden!

Und das Beste kommt zum Schluss! Wissen Sie was? Es ist tatsächlich so, dass Sie eigentlich überhaupt keine »Geschichten« erfinden müssten, wenn Sie nur aufmerksam hinhören wollten und sich Notizen machten!

Wie oft haben Sie Kunden im Geschäft, die Sie loben. Wie oft Kunden, die von anderen Kunden berichten, die Sie und Ihr Geschäft in den hellsten Tönen gelobt haben.

Und nun wieder die merkwürdige Psychologie: Auch Sie möchten eigentlich Lob und Anerkennung, doch auch Sie überhören diese gerne! Wie oft haben Kunden Sie begeistert in den Himmel gehoben, und Sie haben vermutet, dass die Kunden womöglich betrunken waren. Wie oft haben Kunden ihre Begeisterung zum Ausdruck gebracht, und Sie haben abgewiegelt, weil Ihre Leistungen doch so selbstverständlich seien.

Aber wieso sind Sie so bescheiden? … Denken Sie sich einmal folgende Aufgabe: Sie schreiben nur einen Monat lang alle positiven Kundenaussagen in eine Kladde. Schreiben Sie. Noch toller können Sie es treiben, in dem Sie alle Kunden nach der Montage anrufen und sich bestätigen lassen, wie gut die Küche montiert worden ist. Tun Sie es!

Und jetzt kommt das Wunderbare. Auch Sie werden noch so kritisch anerkennen müssen, dass sich so viele Kunden nicht geirrt haben können. Schreiben Sie es sich auf, damit Sie es nicht vergessen, was Ihre Kunde bewegt hat, bei Ihnen – ausgerechnet bei Ihnen – einzukaufen und anschließend sogar noch begeistert zu sein.

Und jetzt wird es richtig spannend: Sie werden plötzlich die besten Anekdoten (von denen wir weiter oben geschrieben haben) aufgeschrieben finden – besser noch als erfunden! – viel mehr erlebte, erzählte und erfühlte Bekundungen Ihrer Kunden, die Sie eigentlich immer hätten nutzen können!

Wenn Sie bisher *nur gewöhnlich* gewesen wären, würde es Sie jetzt schon nicht mehr geben! … Das ist die Wahrheit!

83

Zur Präsentation Ihrer Alleinstellungmerkmale

Im vorderen Teil dieses Buches sind Sie aufgefordert worden, sich Gedanken zu den wichtigsten Grundfragen Ihres Verkaufserfolges zu machen. Warum kommt der Kunde zu mir und will bei mir Küchen kaufen?

Was macht meine Küchen als **Produkt** so außergewöhnlich? … Was genau?

_____

_____

_____

_____

Was macht mein **Unternehmen** so außergewöhnlich, dass der Kunde nur
bei mir kaufen kann – ja kaufen muss – wenn der Kunde wüsste, dass:

_____

_____

_____

_____

_____

_____

Und … was macht **Sie als Menschen** so außergewöhnlich, so suchtgefährdend? Wo und in welcher Sache sind Sie einmalig, unverwechselbar?

_____

_____

_____

_____

_____

_____

Und denken Sie sich jetzt, was Sie gemeinsam mit diesen Alleinstellungsmerkmalen und der Anekdotentechnik ausrichten können. …

Zum ersten Male können Sie, ohne rot werden zu müssen, sich ganz simpel und einfach vor dem Kunden *selber* loben! Sie können Ihr bestes Argument, Ihre Alleinstellungsmerkmale so präsentieren, dass es der Kunden nicht mehr überhören kann. Oder anders gesprochen: Sie sind nicht mehr davon abhängig, ob und wann ein Kunde begreift, wie gut Sie sind. Sie helfen einfach selber nach. Sehr bestimmt und sehr charmant.

Ein Beispiel: Stellen Sie sich vor, Sie bieten einen besonderen Service an. Vielleicht ist es dieser: Sie sagen dem Kunden eine »lebenslange Servicezusage« zu. Für den Fall, dass selbst nach der Garantiefrist etwas einmal auszutauschen oder zu reparieren ist, sind Sie sofort zur Stelle und Reparieren zum Selbstkostenpreis des Materialeinsatzes. Der Austausch von Geräten würden Sie ebenfalls zu Sonderkonditionen zusagen.

Ich möchte Sie nicht in Verlegenheit bringen. Aber dieser lebenslange Service, besser noch die Servicezusage, wird extrem selten dem Kunden vor der Auftragsannahme (im Verkaufsgespräch) verbindlich zugesagt. Für die Allermeisten ist dieser Service selbstverständlich. Aber woher soll der Kunde das denn wissen?

Was glauben Sie, wie viele Kunden genau hierauf allergrößten Wert legen. Denn sie wollen eine Küche kaufen und keine Probleme. Mit dem oben genannten Alleinstellungsmerkmal, dass Sie eine lebenslängliche Servicezusage aussprechen, verkaufen Sie sozusagen schon die eingebaute Problemlösung direkt mit. »Kaufen Sie diese Küche, so werden Sie niemals Probleme haben, weil wir lebenslang für die Küche zuständig sind!«

Vielleicht möchten Sie in die Anekdote noch ein persönliches Merkmal einarbeiten? Was halten Sie von: »besonders kreativ«?

Und jetzt setzen wir diese »Vorgaben« einmal zur Anekdote zusammen. Ausgangssituation ist die, dass der Kunde zögerlich wirkt und ankündigt, sich das noch einmal überlegen zu wollen.

»Herr Kunde, gut Ding will Weile haben! … Die Entscheidung soll auch für die nächsten Jahre noch gut sein. … Übrigens: Vor einigen Tage, letzten Woche Donnerstag, … sorry Mittwoch, … die Zeit rast so weg! … An diesem Mittwoch hatte ich auch einen Herrn hier im Gespräch, ich denke sogar in Ihrer Altersklasse. Ein toller Mann. Gut vorbereitet. Der wusste genau was er wollte. Er wirkte sehr gestanden und war sehr kritisch. … Toller Mann; - Sie beiden sind sich sehr ähnlich! … Auf jeden Fall besprachen wir genau wie wir beide jetzt seine Absicht, sich noch anderswo umschauen zu wollen. … Da stutze dieser Mann ganz plötzlich, schaute mich an, sagte erst einmal gar nichts mehr. Und plötzlich sagte er: »Herr Linn, die *lebenslange Servicezusage* ist mir noch nie untergekommen. Finde ich klasse. Und besonders schätze ich ihre Kreativität.« … Herr Kunde, ich war wirklich völlig überrascht von so viel Spontanität. … Ich glaube, ich habe den ganzen Tag nur noch vor mich hin gegrinst!«

Kommen Sie ins Seminar und testen Sie die Anekdoten mit mir zusammen aus. Sie werden begeistert sein.

Und noch eins: Wenn Sie die Anekdoten niemals lernen wollten, niemals einsetzen würden, so könnten Sie niemals feststellen, wie unglaublich gut und effizient diese Anekdoten sind.

Kunden wollen unterhalten werden! Ja dann legen Sie los!

Nochmals Hand auf Herz: Wenn der Kunde wirklich den billigsten Küchenshop suchen würde, ganz sicher, ganz sicher käme er dann nicht zu Ihnen! Warum nicht? … Na weil Sie Unternehmen repräsentieren, und genau das nicht nach billig »aussieht«. Im Umkehrschluss kann das aber nur heißen:

Jeder Kunde, der zu Ihnen kommt, hat im Geiste schon die Möglichkeit des preisintensiveren Abschlusses akzeptiert. Helfen Sie ihm, Recht zu behalten, dass es sich lohnt!

Dein Karrieresprung in die Einrichtungswel

Fachschulstudiengänge mit kurzer Studiendauer und Ausbilderqualifikation als Staatlich geprüfte/r

- **Einrichtungsfachberater/in** 2 Semester
- **Küchenfachberater/in** 2 Semester
- **Betriebswirt/in** Fachrichtung Möbelhandel 4 Semester
  Anrechnung auf Bachelorstudium möglich
- **Duales Fachschulstudium**
  für Schulabgänger mit Abi oder FHR:
  Kauffrau/-mann im Einzelhandel *plus* **Betriebswirt/in**
  Beides in nur 3 Jahren, Anrechnung auf Bachelorstudium möglich

Fordern Sie unseren Studienführer an oder besuchen Sie uns.
Wir beraten Sie gerne.

Individuelle Studienberatung nach Vereinbarung

FACHSCHULE DES MÖBELHANDELS

Frangenheimstraße 6 · 50931 Köln-Lindenth
Tel. 0221-940 13-0 · info@moefa.de · www.moefa.

Im Fachhandel werden Geschäfte unter Menschen gemacht. Ganz besonders gilt das für den Bereich Wohnen und Einrichten. Hier gibt es Kunden mit den unterschiedlichsten Wünschen und einem individuellen Geschmack. Ihnen steht ein vielfältiges, anspruchsvolles und deshalb zugleich beratungsintensives Angebot gegenüber.

Dauerhaft erfolgreich sind in diesem Markt nur qualifizierte, gut ausgebildete Mitarbeiterinnen und Mitarbeiter. Sie brauchen ein solides Fundament an betriebswirtschaftlichem, warenkundlichem, gestalterischem und verkaufsbezogenem Wissen. Und sie brauchen zugleich die rechte Begeisterung für die Sache, für das Thema „Möbel und Einrichten".

Seit über 70 Jahren ist es Ziel der Fachschule des Möbelhandels, junge Menschen die Herausforderung in anspruchsvollen beruflichen Aufgaben rund um das Einrichten entdecken zu lassen und die Leidenschaft für eine Tätigkeit in der Möbelbranche zu fördern. Die Schule bietet umfassende Aufstiegsfortbildungen für den Bereich Interior Design zu **staatlich geprüften Einrichtungs- und Küchenfachberatern** (1 Jahr) ebenso wie für die Übernahme von Managementpositionen als **staatlich geprüfte Betriebswirte, Fachrichtung Möbelhandel** (2 Jahre).

Ihr hoch qualifiziertes und pädagogisch geschultes Lehrpersonal kennt die speziellen Anforderungen der Branche und bereitet effektiv und praxisnah auf staatlich anerkannte Abschlüsse vor. So wundert es nicht, dass ihre Absolventen zu den begehrten Fachkräften in der Branche gehören.

Wer erfolgreich bleiben will, der braucht neben dem soliden Fundament die Bereitschaft, sich stetig weiter zu bilden, um immer up-to-date zu sein. Das vorliegende Buch von Paul Reinhold Linn bietet besonders jenen, die täglich in der Kundenberatung ihren Mann oder ihre Frau stehen müssen, eine ansprechende und motivierende Möglichkeit, im Selbststudium ihren Verkaufserfolg dauerhaft zu steigern.

Ich wünsche Ihnen gute Unterhaltung und viele neue Erkenntnisse bei der Lektüre des Buches und viel Erfolg bei der Umsetzung im Verkaufsgespräch.

Fachschule des Möbelhandels
Dieter Müller
Schulleiter

Das GeniusKonzept®

Im ersten Teil dieses Buches zieht sich ein roter Faden durch, der im Wesentlichen beschrieben werden kann, mit: »Es gibt *keine* alles entscheidende Verkaufstechnik, … vielmehr komme es auf die richtige Einstellung an!«

Dieser Leitgedanke im ersten Teil bildet sozusagen das solide Fundament, um der nachfolgenden *Technik* gedanklich und praktisch folgen zu können.

Vielleicht liest sich dies hier paradox, aber beide Ansätze (*Technik ist nicht entscheidend*, und *diese Technik funktioniert und ist wichtig*) schließen sich nicht gegenseitig aus, sondern ergänzen sich zu einem wesentlich besseren Verständnis eines erfolgreichen verkäuferischen Konzeptes. Wie Sie wissen, ist ein Produkt längst nicht ein Konzept, oder ein Gespräch längst kein Gesprächskonzept. In der Wortbedeutung von »Konzept« steckt die Planung.

Vielleicht haben Sie den ersten theoretischen Teil dieses Buches ausgelassen, um sehr viel schneller auf den wesentlichen Teil dieses Konzeptes zu stoßen? Prinzipiell geht das, aber Sie sollten im Hinblick auf Ihr eigenes Bauch-Fundament sich den Gedanken des ersten Teils dieses Buches stellen!

Grundsätzlich gilt, dass keine Verkaufstechnik für sich allein genommen erfolgreichere Verkäufer machen kann. Denken Sie sich zum Beispiel einen durchtrainierten Versicherungsverkäufer. Der hat gelernt, an der Haustüre seine Gesprächseröffnung so ausgefeilt zu präsentieren, dass er mit größtmöglicher Wahrscheinlichkeit Einlass beim Kunden erhält. Seine Gesprächsformulierung wurde mit Punkt, Komma, Gesprächspausen bis hin zur Intonierung gefeilt und geschliffen. Hier ist nun kein Platz mehr für Individualität. Nichts wird dem Zufall oder der persönlichen Einschätzung des Verkäufers überlassen. Er funktioniert perfekt, vielleicht langweilt er aber den Kunden und schlimmstenfalls stößt er den Kunden ab. Die alles entscheidenden Komponenten aus Sicht des Eisbergphänomens, wie Menschlichkeit, Mitgefühl und vertrauensbildende Maßnahmen bleiben möglicherweise (nicht aber zwangsläufig) auf der Strecke. Ein sehr gutes

Beispiel aus dem Bereich Konzeptverkauf, so wie ich ihn nenne, ist für mich folgendes:

Stellen Sie sich vor, Ihr Vorgesetzter, Ihr Partner im gemeinsamen Betrieb oder wer auch immer mit Ihnen gemeinsam zu bestimmen hätte, käme eines Tages von einer Geschäftsreise ins Unternehmen zurück. Jetzt noch schnell ein Meeting am Start des Tages für alle die, die im Verkauf Ihrer Küchen engagiert sind. »Liebe Kolleginnen, liebe Kollegen. Ich habe eine neue konzeptionelle Idee. Ich habe einen Plan. Was heißt schon, dass wir die schönsten Küchen im Umkreis planen und verkaufen; - ich möchte ab morgen auch die saubersten Küchen vor allen verkaufen!« Einen Moment traut sich keiner so richtig etwas zu sagen, denn wirklich verstanden hat den Chef niemand. Jetzt legt er weiter los: »Ich möchte, das ihr zu jeder Küche, die wir planen und verkaufen nun zusätzlich auch einen super- ach was sage ich: einen hypermodernen Staubsauger verkaufen. ... Mädels und Jungs, das Grundmodell kostet im VK 2.700 Euro. Das Zubehör ist für ca. 800 Euro VK zusätzlich verkaufbar! Alles klar?«

Sie sind ein gut informierter Verkäufer und kennen den Markt der sehr guten Staubsauger. Da kostet kein Staubsauger mehr als 400 Euro im Verkauf. Was will der Chef mit einem Sauger, der beinahe das Zehnfache kosten soll?

Sie wissen alle, welche Staubsaugermarke hier beschrieben ist. Klar. Bei allen merkwürdigen Klischees über den sogenannten Vorwerk-Staubsaugervertreter, ich ziehe vor diesen Kollegen den Hut (wenn ich einen hätte)! Während wir im Verkauf nur an diesen einen Staubsauger, unser Flaggschiff für 399 Euro denken, denken die Kollegen von Vorwerk genail konzeptionell! – und verkaufen im Ergebnis auch nur einen Staubsauger pro Verkaufsgespräch, dafür aber mindestens mit dem 10fachen Ertrag! Diese Kollegen haben 10mal mehr Ergebnis, als wir es haben. Macht Sie das nicht ein wenig nachdenklich?

Nehmen Sie noch ein anderes Beispiel, um die Macht und den unbestreitbaren Erfolg des Konzeptes erkennen und anerkennen zu können. Das Prinzip, das Konzept, welches immerzu Erfolgsgeschichten garantieren kann, ist das Franchisesystem! Kernstück dieser Franchise-Unternehmungen ist ein Handbuch, in welchem alle Handgriffe, alle Prozeduren, alles an Organisation und Know-How festgeschrieben steht. »Glaubst Du an das System – dann glaubt das System auch an Dich!«

Sie können mit einem guten Franchisekonzept in wenigen Jahren zu den absoluten Top-Verdienern gehören. Sie werden dort als Franchise-Nehmer nicht dafür benötigt, das Konzept neu zu erfinden oder Schwachstellenanalyse zu betreiben.

Nehmen Sie noch einmal das weltumspannende Beispiel mit McDonalds. Ohne die genauen Firmendaten erfragen zu wollen können Sie davon ausgehen, dass mindesten in den letzten 40 Jahren das System McDonalds weltweit gut gelaufen ist. Und wenn Sie dann noch gemittelt auf die ganzen 40 Jahre von schätzungsweisen 20.000 Filialen mit jeweils einem Geschäftsführer bzw. Geschäftsstellenleiter ausgehen möchten, so kommen Sie mal eben auf einen Erfahrungsschatz von 800.000 Mann-Jahren. Merken Sie etwas?

Wie viel Leben wollen Sie als Einzelner noch leben, vorausgesetzt die Reinkarnationstheoretiker würden recht behalten, um diesen Erfahrungsschatz zu toppen oder toppen zu können?

Hier wird es dem Unternehmer nicht an die Hand gegeben, einzelne Rezepturen einmal neu auszuprobieren und eigene Kreationen anzufertigen. Vor einem Jahr bin ich mit meinem damals 17jährigen Sohn 14 Tage nach Ägypten zum Tauchen gefahren. Und jeder, der schon einmal in Ägypten war, weiß, dass man nichts Ungewaschenes und nichts mit normalem Leitungswasser Gewaschenen essen oder trinken darf. Spontan etwas zu essen einzukaufen könnte den Urlaub für zwei Wochen ruinieren! … Also, was machten wir? Wir aßen regelmäßig bei McDonalds. Die Qualität hat uns nicht überrascht. Gleiche Qualität wie überall in allen Verkaufsstellen rund um den Globus.

Kommen wir wieder zum Ausgangspunkt dieses Kapitels zurück. Schauen Sie sich einmal in einem Möbelhaus um. Wenn Sie genau hinsehen, dann fällt Ihnen auf, dass jeder im Verkauf so sein eigenes Süppchen kocht! Jeder Verkäufer hat seine eigene gewachsene Methode und hält an seinem Weltbild sowieso fest. Er kennt die Welt und kennt die Kunden! …

Es gibt immer noch Verkäufer, die dem Kunden von weitem ansehen, ob er genug Geld dabei hat, bzw. ausgeben kann, oder nicht!
Auf mich macht das einen eher verängstlichten als einen professionellen Eindruckt. Aus Angst, nicht akzeptiert, als Verkäufer abgelehnt zu werden, fragt man gar nicht erst nach. Und man erklärt sich selber zur Beruhigung noch die Welt, wie sie funktioniert und wie gerecht oder besser noch ungerecht sie doch ist. Man hatte sowie keine Chance, weil … ja weil der Kunde die falschen Schuhe anhatte. »Der will nur gucken, der will nichts kaufen!« … »Woher wollen sie das denn wissen«, fragt der Chef noch nach. »Schauen Sie einmal Chef, diese Kunden verlassen gerade wieder unser Geschäft!«

Erinnern Sie sich noch an das erste Kapitel, an die regelmäßigen 30% Budgetunterschreitungen unserer Kunden in unseren Häusern? … Na dämmert es?

In einem großen deutschen Möbeleinkaufsverband wurden in 2008 stichprobenartig Zählungen in den verschiedenen Möbelhäusern durchgeführt. Da kommt ein potentieller Kunde in ein Möbelhaus. Den nennt man Interessenten. Und geht anschließend der Interessent durch die Kasse bezahlend wieder aus dem Möbelhaus; dann ist aus dem Interessenten ein Kunde geworden. So weit, so klar! Und nun wurde die Zählungen verglichen und ausgewertet. … Übrigens, wenn ein Paar händchenhaltend das Möbelhaus betritt, dann ist das ein Interessent! Eine erkennbare Familie ist ebenfalls ein Interessent.

Das Ergebnis war niederschmetternd! Von 100% Interessenten haben es schlussendlich nur 7% zum Kunden geschafft! Mit anderen Worten: 93% der Besucher dieser Häuser haben das Interesse während des Einkaufens verloren. Und damit Sie ein Gefühl für diese 7% bekommen: Stellen Sie sich vor, Sie würden als neuer Geschäftsführer oder Verkaufsleiter die Zahl verdoppel, ach was sagen ich verdreifachen. Besser noch vervierfachen. Dann bekommen Sie immer noch nicht den Nobelpreis für Wirtschaft, sondern liegen lediglich bei einer Ausbeute von 28%. Immerhin, oder? … Fragen Sie Ihre Kinder. Die werden Ihnen aus den Schulen und Ausbildungsstätten berichten. Dort ist alles unter 30% der möglichen erreichbaren Punktzahlen immer noch per Definition eine Schulnote »ungenügend«, eine »6«!

Und jetzt haben Sie die Wahl! Vielleicht ist diese Nachricht für Sie ein Grund, die Ohren und die Flügel hängen zu lassen. … Können Sie so machen, bringt aber nichts! Weder Erkenntnisse, noch Einsichten.

Vor wenigen Wochen erst in einem wunderschönen Möbelhaus in NRW so geschehen: Die halbe Mannschaft am ersten Tag, die andere Hälfte der Mannschaft ist für den zweiten Tag einbestellt. Direkt schon am ersten Tag sitzt der Inhaber mit im Seminar. Das Seminar läuft gut und alle machen gut mit, so gut es eben in einem etwas unterkühlten Sportheim geht. Irgendjemand aus der Truppe hatte Beziehungen zum nächsten Sportverein.

Und so konnten wir uns vom Hauptgeschäft separieren. Macht viel Sinn. Dann lieber etwas zu kalt, als viel zu dicht am Tagesgeschäft.

Und irgendwann kommen wir auch in diesem Seminar auf die 30% zu sprechen, die der Kunde eigentlich hat mehr ausgeben wollen, hätte man ihn nur richtig gefragt und richtig bedient. … Bis dahin verlief alles irgendwie normal. Plötzlich unterbracht der Chef die Truppe: »Habt ihr das gerade genauso verstanden, wie ich es verstanden zu haben glaube?« … Die Mannschaft schien irritiert. (Übrigens: Dieser Einwurf war mit mir nicht abgesprochen!) »Leute«, fuhr er weiter fort, »wenn der Linn Recht hat, wenn die Zahlen von BBE stimmen, dann könnten wir nächstes Jahr ohne Probleme doch auch um 30% steigern, oder?« …

Ich darf das einmal aus meiner Sicht wiedergeben. Die Stimmung wechselte bei einigen in eine euphorische Stimmung und einer der Teilnehmer hatte seine massiven Probleme damit. … Warum wohl?

Sie konnten ganz plötzlich und ganz ungeschützt in diesem Raum feststellen, wer wie motiviert und ob jemand mit oder ohne Ängstlichkeit verkaufen möchte, oder nicht.

Erinnern Sie sich noch an die Geschichte mit dem Tausendfüßler? … Egal, woran ein Mensch glaubt, er behält immer Recht!

Das Leben kennt viel mehr Geschichten und Begebenheiten, als die sich je ein Menschen ausdenken könnte: Und so kam es eines Tages, dass ich auf dem Männerklo einer Würzburger Autobahntankstelle »strandete«. Ich versuche irgendwie immer solche Örtlichkeiten zu vermeiden, an diesem Tag musste es einfach sein. … Auf dem Klo angekommen lass ich die Sprüche auf der Innenseite der Klotüre. Und da stand doch tatsächlich im Vorbeiblick: »Gott ist tot! – gez. Friedrich Nietzsche« »Och«, dachte ich noch, »so viel Philosophie auf dem Klo kann abführend wirken!« … aber dann schweifte mein Blick genauer an die Stelle, und da stand dieser Spruch nun durchgeixt mit anderer Schrift kommentiert: » Nietzsche ist tot! – gez. Gott«! … Großartige Eingebungen auf dem Männerklo! Dieser Tag war amüsant gerettet!

Was auch immer Sie glauben – Ihre Kunden glauben anders! Sonst wäre es nicht möglich gewesen, dass 30% uns durch die Lappen gehen, oder? Kein Kunde kommt zu mir, um Geld zu sparen! … Den, der sparen will, den sehen Sie erst gar nicht! … Der etwas besonderes sucht, vielleicht SIE, der kommt bei Ihnen doch voll auf seine Kosten. Sehen Sie das nicht auch so?

Sie erinnern sich noch an den Eisberg? … 90% der Kaufentscheidung eines Kunden werden im Bereich des Unbewussten entschieden!

Der Weg zum Kunden führt daher immer erst über den Bauch (im Modell des Eisberges gesprochen: Als Sitz des unbewussten Anteils). Erst danach erhalten wir die Möglichkeit, sozusagen uns an seinen Kopf richten zu dürfen. In der Logik folgend wird damit auch verständlich, warum im ersten Teil des Buches vorrangig der Bauch und nunmehr erst im zweiten Teil der Kopf im Verkaufsprozess besprochen werden muss.

Was nützt das beste Gefühl, wenn die übergeordnete Strategie im Verkaufsgespräch fehlt?

Gibt es Gesprächsstrategien, die zum Erfolg führen? Gibt es Strategien, die in der Anwendung einfach sind? Ich glaube ja! Es gibt Strategien, die einfach in der Anwendung sind und zum größtmöglichen Erfolg führen, vorausgesetzt, der Unterbau der Verkäuferpersönlichkeit ist stimmig und solide.

So sind immer erst die Grundlagen der Verkaufsrethorik bzw. – Psychologie und die Frage der richtigen Einstellung des Verkäufers zu sich selbst und seinen Job gefordert, bevor die Technik ins Rennen geschickt wird.

Die Grundlagen sind verstanden, die richtige Einstellung und Motivation vorhanden? Wenn Ja, dann können wir beginnen und einen weiteren Schritt machen.

Kommen wir zum Aufbau eines sehr erfolgreichen Verkaufssystems. Auf einem beidseitig bedruckten Bogen ist das komplette GeniusKonzept® aufgedruckt.

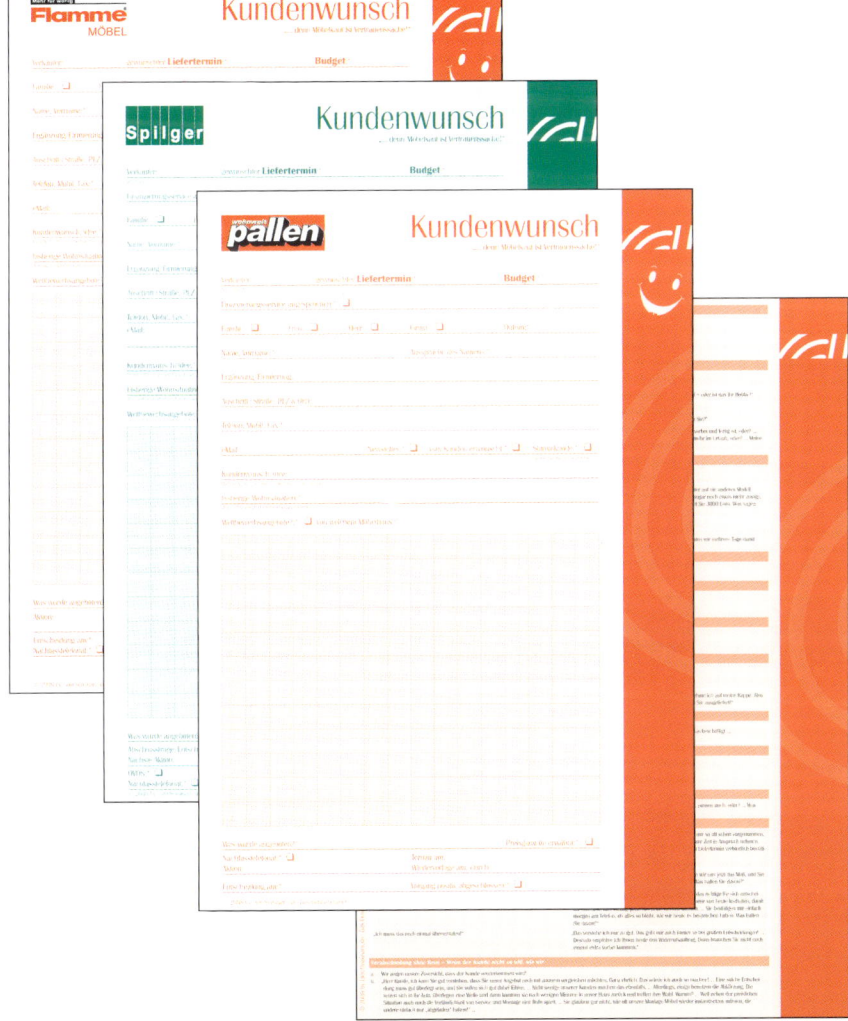

Bevor wir nun mit diesen 11 Stepps beginnen, möchte ich noch eine Lanze brechen, die mir auf dem Herzen liegt. Wenn Sie sich mit mir auf den Weg machen, alle 11 Stepps durchzuarbeiten, dann ist es nicht so, dass nun alle 11 Stepps nur so und nicht anders vollzogen werden sollten. Noch weniger geht es überhaupt um genau abgezählte 11 Schritte zum Erfolg. Vielmehr ist es mir ein Anliegen, Ihnen anhand von 11 wichtigen »Meilensteinen« aufzuzeigen, was Sie am Ende des Gespräches erfolgreicher sein und werden lässt, als Ihre Mitbewerber es je sein können.

Im Wesentlichen ist ein Gespräch wie ein Fluss. Es fließt ohne Aufhebens. Erst bei genauerer Betrachtung fallen gewissen Besonderheiten auf, die die eine Flussüberquerung glücken und die andere scheitern lassen. Und selbst diese Formulierung klingt mir viel zu sehr nach »Schwarz oder Weiß«. Lassen wir gemeinsam schauen, was uns noch ein Stückchen erfolgreicher machen kann, als anderes es sind.

Stepp 1: Begrüßung des Kunden

Eigentlich ist es ganz einfach, und doch macht für die meisten Verkäufer gerade dieser erste Schritt die größten Probleme.

Wie sollen wir die Kunden willkommen heißen? Mit oder ohne Handschlag? Warten wir an strategisch guten Plätzen (z.B. direkt neben der Rolltreppe auf den kommenden Kunden), oder gehen wir offensiv auf ihn zu und sprechen ihn an? Oder warten wir, bis der Kunde sich für eine Laufrichtung entscheidet und pirschen ihm dann wie ein Indianer hinterher?

Lachen Sie nicht, das sind wirklich ernsthafte Fragen!

Wenn erst einmal das Gespräch gut aufgenommen wurde, dann sind die meisten Verkäufer wirklich klasse. Aber dort hin zu kommen, zeigt irgendwie verklemmte Züge oder wirkt urkomisch. „Kommen Sie zurecht?" oder „Kann ich Ihnen helfen?" Nichts gegen Hilfsbereitschaft unserer Verkäuferkollegen, aber wieso sollte ein Kunde nicht zurecht kommen?

Diese Frage macht aus dem Kunden einen Deppen, oder? Und helfen können Sie im Leben eines Kunden nicht ernsthaft. Sie möchten helfen, aber wobei eigentlich?

Damit möchte ich sagen, dass Sie bei vorhandener *Hilfsbereitschaft* dann aber ein wenig konkreter werden müssen! „Kann ich Ihnen bei der Suche (oder bei der Auswahl) nach … helfen?"

Aber betrachten Sie einmal die Sätze in Ruhe, dann fällt Ihnen auf, dass dort Selbstverständlichkeiten abgefragt werden! Dass Sie dazu da sind, einem Kunden zum richtigen Produkt zu führen, ist tatsächlich aus Sicht des Kunden selbstverständlich. Zu fragen, ob der Kunde Möbel kaufen möchte macht in einem Möbelhaus die Eröffnung unfreiwillig komisch. Denn was sonst sucht wohl ein Kunde, der in ein Möbelhaus geht?

Denken Sie sich heute Abend in einem Club der einsamen Herzen eine Dame, die alleine am Tisch sitzt und an einer Cola oder einem Wein nuckelt. Da kommt ein vielleicht sogar gut aussehender Mann auf sie zu und fragt: »Bist Du auch alleine?« … Na? Wie bescheuert ist denn das? Merken Sie das? Vielleicht ist der Mann wirklich ein Netter, aber die Frau wird doch, wenn sie alle Sinne beieinander hat, das Gespräch lieber abwiegeln, oder?

Da möchte ich als Alternative einen älteren Teppichverkäufer aus Werl zitieren. Er spricht regelmäßig seine Kunden etwa so an: »Sie suchen sicher einen ganz besonderen Teppich, oder?« … Womöglich glauben Sie noch, dass er eben lediglich ein alter Mann sein. Kann sein. Aber er ist gut. Sau gut! Dieser Mann, Ende 60, Anfang 70, verkauft seine Teppiche zehnmal mehr und hochwertiger, als seine eigenen Kollegen in seiner Abteilung! (Übrigens: Wenn Sie jemals das Vergnügen haben sollten, einen älteren Kollegen einzustellen, dann tun Sie es! … Ich werde es nie verstehen, dass Verkäufer ab 65 Jahren ausgemustert werden sollen! Die sollen bleiben, und die sollen unseren Nachwuchs schulen, schulen und nochmals schulen!)

Die Sache mit dem Handschlag

Seit 12 Jahren schule ich Küchenspezialisten und Möbelverkäufer aus ganz Deutschland, Österreich und der Schweiz. Und eine Diskussion ist immer noch vehement: Sollen wir den Kunden mit Handschlag begrüßen, oder besser nicht?

Ein Argument gegen den Händedruck wird immer in den Vordergrund geschoben, nämlich dies, dass wirklich niemand mehr einem Kunden die Hand gebe. Dies sei nicht mehr zeitgemäß, sei unüblich! …

Ich kann nur antworten: Herzlichen Glückwunsch! Das ist das wichtigste Motiv für mich, es, schon weil es die anderen nicht praktizieren, zu tun.

Stellen Sie sich mit Handschlag vor, und zeigen Sie, dass Sie Format haben – dass Sie anders sind!

Wissen Sie eigentlich, dass wir in Zentraleuropa in einem Raum leben, der geprägt ist vom abendländischen Gedanken- und Kulturgut? Ich selbst kann nicht zuverlässig recherchieren, seit wann die Menschen sich in unseren Breiten zur Begrüßung und zur Verabschiedung die Hände reichen. Ich schätze, dies findet seit vielen hunderten von Jahren statt.

Wichtiger noch ist aber dies, dass nahezu in jeder Kultur und in jeder Region, wenn Menschen aufeinander treffen, Körperkontakt zur Begrüßung, zum Ausdruck von »guten Absichten« suchen. Und dies ist wörtlich zu nehmen. Kontakt von Haut zu Haut. Selbst durch Handschuhe im Winter sich zu begrüßen scheint in Sachen vertrauensbildende Maßnahmen nicht ausreichend zu sein. Die Menschen, denen es wichtig ist, dem anderen seine Ehrerbietung zu zeigen, die ziehen doch glatt die Handschuhe aus!

Aus energetischer Sicht ergibt sich ein weiterer interessanter Aspekt: Sobald sich zwei Menschen oder mehrere berühren, werden aus den jeweiligen einzelnen Systemen ein einzelnes größeres entstehen. Und in diesem größeren System wiederum hat jedes Energiesystem »freien Zugang« zu jedem anderen Beteiligten. … Das liest sich sicher ein wenig verrückt, oder? Vielleicht ist das so? Vielleicht aber auch nicht. Ich persönlich glaube, dass solche Dinge sehr zuverlässig funktionieren und nicht in der Funktion- und Wirkungsweise von uns, den Betrachtern, abhängig wären. Diese Phänomene warten nicht etwa auf unsere verstandesmäßig Erlaubnis, um wirken zu dürfen. Sie tun es einfach.

Ein von mir in der Seminararbeit sehr gerne benutztes Beispiel ist das Beispiel mit der Schwerkraft. … Der Schwerkraft ist es völlig gleichgültig, ob Sie oder ich es verstehen, warum und vor allem wie sie funktioniert. Sie macht auch in der Wirkungsweise keine Unterscheidung, ob Sie nun einer der klügeren sind, und sie schon etwas besser verstünden. … Von wegen Magnetismus aus dem Erdinnern! Denn damit könnten Sie auch nicht erklären, warum zum Beispiel ein Wattebausch (obwohl der nachweislich keine Metallteilchen enthält) von dem riesigen Erdmagneten angezogen wird.

Im umgekehrten Falle aber wissen Sie, dass ein verweigerter oder nicht angeboterner Händedruck eher ein Ausdruck des zurückhaltenden Misstrauens ist. So haben Sie eine Einladung zu einem Bankgespräch. An der Türe steht ein wichtiges Bankmanager, der Sie nun begrüßt. Hände auf dem Rücken verschränkt, Brust leicht nach vorne gestreckt. Na? Was würden Sie wohl empfinden, das hier nun zum Ausdruck kommt?

Eine Kundin kommt in Ihr Küchenstudio. Und weil der entsprechende Verkäufer so sehr beschäftigt ist, er hat noch Planungen fertig zu stellen, telefoniert wie ein Weltmeister. Und jetzt geht die suchende Kundin auf ihn zu! … wir machen gleich an dieser Stelle direkt weiter. …

Kennen Sie das auch? Der Kunde, die Kundin, kommt zu Ihnen in Ihr Möbelhaus. Vier Kollegen sind heute auf der Verkaufsfläche schön gleichmäßig verteilt. Einer von den Dreien, die augenblicklich erkennbar nichts zu tun haben, hat auch noch überflüssigerweise die Hände auf dem Rücken verschränkt. Die andere scannen den Raum nach willigen Kunden. Der vierte hat erkennbar etwas zu tun, … aber wird von allen Kunden, die sich frei für einen Verkäufer entscheiden können, gezielt und ohne Ausnahme angesprochen. Warum? … Na weil Kunden die Verkäufer am attraktivsten einschätzen, wenn sie etwas zu tun haben – weil der, der etwas tut, im Umkehrschluss fleißiger und damit auch erfolgreicher seine Arbeit erledigen muss, als alle anderen es offensichtlich tun.

Ich habe jetzt tatsächlich einen Möbelunternehmer getroffen, der auf diese Erkenntnis hin alle seine Mitarbeiter mit Kundenkontakt aufgefordert hat, etwas Offensichtliches zu tun zu haben, damit der Kunde ihn oder sie viel leichter akzeptieren kann.

Für den Kunden ist es nicht vorstellbar, dass ein erfolgreicher Mensch tatsächlich irgendwo dumm (tatenlos) herumstehen kann!

Kommen wir noch einmal in das eben besuchte Küchenstudio. Also der Verkäufer sitzt hinter dem Schreibtisch und ist beschäftigt. Jetzt kommt eine Kundin auf ihn zu. … Unser Verkäufer steht kurz auf, telefoniert zwar noch, aber er steht auf, macht ein freundliches Gesicht, strahlt die neue Kundin an und gibt ihr mit kurzer Zeichensprache zu verstehen, dass er sofort für diese Kundin da ist. Gerne da ist! … Er reicht der Kundin die Hand.

Die Kundin wird erkannt haben, dass dieser Verkäufer beschäftigt ist. Dass er aber trotz Beschäftigung dennoch sie gesehen und auf sie reagiert hat, das ist nahezu für jede Frau das Besondere, was erste Bindungen *entstehen* lassen kann.

Sie wissen doch, am Händedruck erkennen Sie Ihr Gegenüber! – und Ihr Gegenüber erkennt dann Sie!

Oder anders noch: Ein Händedruck sagt mehr als tausend Worte. Und da dieser Händedruck sozusagen in beide Richtungen funktioniert und Botschaften überträgt, kann zum einen Ihr Kunde feststellen, mit wem er es hier zu tun hat. Zum anderen können Sie in Sekundenschnelle erkennen, wer da wie (und in welcher Verfassung) vor Ihnen steht.

Angenommen der Verkäufer (in dem oberen Bild die rechte Hand) begrüßt den Kunden mit solch einer Schlabberhand. Der Kunde realisiert in einem solchen Beispiel, dass dieser Verkäufer keine Kompetenz besitzt. Der Kunde *fühlt* sich so begrüßt nicht angemessen bedient und wird zu 99% keine Entscheidungen treffen. Vielleicht ist eine Ausnahme denkbar, wenn tatsächlich zwei Weichpfoten aufeinander treffen. Vielleicht.

Ein kompetenter Händedruck ist ein *angemessener* Händedruck. Der Kunde wird begrüßt und der Händedruck des Verkäufers gleicht dem Druck des Kunden! Nicht mehr und nicht weniger.

Und was nun, wenn der Kunde mal butterweich oder knallhart zufasst? Eigentlich ist es Ihnen egal, wie er nach Ihrer Hand fasst. Wichtig nur, dass er es tut. Denn er gibt Ihnen mit dem Händedruck die Marschrichtung an.

Sollte ein Kunde eher seine Weichpfote präsentieren, so wird Ihnen schnell klar sein, dass Sie diesen Kunden wohl eher sanft überzeugen. Ein zu schnelles Auf-den-Punkt-kommen würde den Kunden wahrscheinlich überfordern.

Sollte aber Ihr Kunde beispielsweise mit dem harten Händedruck sich vorstellen, so brauchen Sie nicht viel Phantasie, um zu realisieren, dass Sie ziemlich zügig auf den Punkt kommen sollten und dürfen.

Oder noch ein ganz anderes Beispiel: Denken Sie sich einen Verkäufer mit einem schlaffen und ausdruckslosen Händedruck. Der Kunde greift sozusagen ins Leere. Na, was glauben Sie wird nun der Kunde fühlen? Was denkt er dann, und noch konkreter, was wird der Kunde anschließend tun?

Und denken Sie jetzt ein wenig noch weiter: Sie sind dieser Kunde, möchten um die 12.000 Euro ausgeben. Machen Sie ja auch nicht jeden Tag! … Und dann ein solcher Verkaufskünstler! … Denken Sie bitte noch weiter: Sie möchten eine fähige kompetente oder einen fähigen kompetenten Mann als Verhandlungs- und Kücheneinrichtungspartner haben. … Und dann so eine tiefgekühlte Schlaftablette. … Das ist doch furchtbar! Oder? … Wieder ein Einwand: »Linn, hören Sie, es gibt Kulturen, da darf man nicht einen festen Händedruck anbieten!« … Nun und? Dann nicht! Die Damen oder Herren die beispielsweise dem moslemischen Glauben angehören, glauben Sie mir, die machen Ihnen schon klar, was sie möchten. Kein Problem. Die Männer geben Ihnen ganz weich die Hand – und Sie erwidern diesen Handdruck ebenfalls weich. Wie ich schon sagte, kein Problem. Und die moslemischen Frau? … Na wenn die sich zurückhalten wollen oder müssen, dann ist es gut so, wie es ist.

Und alle anderen, und das sind mindestens 99%, sonst stimmt etwas an Ihrem Äußeren nicht, erwidern Ihren Handschlag und greifen ebenfalls zu. Das macht das Gespräch von Anfang an sympathisch! …

Und was ist mit der *Schweinegrippe*? … Darf man da noch Hände schütteln? Wahnsinn, aber in beinahe jedem Seminar kommt auch immer dieses Thema auf den Plan. Einmal davon abgesehen, dass alleine schon die Namensgebung »Schweinegrippe« ein wenig dümmlich wirkt, ist es so, dass jemand, der diesen H5N1-Erreger in sich trägt und zu verbreiten droht, Sie nicht nur über Händedruck anstecken kann. … Dieser Kunde hustet und verteilt in Ihren Räumen mehr oder minder gleichmäßig seine viralen Grüße an Sie. Jetzt neulich in einem Werbespot von der Firma, die Sakrotan-Desinfektionsmittel bewirbt, im Werbefernsehen gesehen: Da sprüht die Mutter der Familie sogar den Telefonhörer zuhause ein, damit eine mögliche Schweinegrippe sich nicht in diesem Haushalt ausbreiten könne. Das ist der Megawahnsinn! … Glauben Sie mir bitte kein Wort, sondern informieren Sie sich am besten bei Ihrem zuständigen Gesundheitsamt. Schon wenn Sie nicht in ausreichenden Mengen mit Desinfektionsmitteln arbeiten wollten, verschlimmern Sie mit unübersehbaren Folgen die Ausgangssituation. Die kleinen Keime lieben es wie verrückt, wenn sie statt der für sie tödlichen Dosis nur so ein bisschen abbekommen. Das macht das Erlernen von Gegenstrategien so verblüffend leichter. Ruck zuck ein Paar Generationen weiter, und Ihre Keine werden zu Supermächten befördert. Jetzt schimpfen wir sie Superkeime – und werden jetzt erst recht furchtbar krank. Da hilft dann kein Desinfektionsmittel mehr weiter! … Weltklasse.

Wollten Sie sich gegen H5N1 schützen, so wie wir uns bereits vor der »Vogelgrippe« haben schützen können, so sollten Sie auf gutes Essen, einen gesunden Lebenswandel und viel frisches Obst setzen.
Alle Kindergärtnerinnen können Ihnen das bestätigen: Der ständige Kontakt mit allem, was ansteckend ist, macht Sie zu einem supergesunden Menschen! … Und das Gegenteil ist auch längst wissenschaftlich anerkannt. Je mehr Sie sich vor »Keimbelastung« schützen wollen, desto anfälliger werden Sie gegen nahezu jede Form von schwerer Krankheit!

Also jeder Kunde verdient einen Händedruck. Und wer das tatsächlich nicht leisten kann oder darf; - und wer dann noch jeden Kunden mit einem unfreundlichen oder angespannten Gesichtsausdruck zur Begrüßung anschauen muss, der … ja der soll am besten umschulen!

Es gibt so wunderbare Umschulungsmaßnahmen, wie zum Beispiel zum Friedhofsgärtner! Im allerungünstigsten Falle haben sie auch mit Kunden zu tun. Dann aber auch gleichzeitig nur zum letzten Mal. Das ist die sogenannte »Einwegkundenorientierung«! Und das Beste ist, sie haben nahezu keine Reklamationen zu ertragen. Dass Friedhofsgärtner über eine stabile Gesundheit und ein perfektes Immunsystem verfügen, möchte ich hier nur der vollständigkeitshalber ansprechen.

Und jetzt kommt die Frage nach dem Wann. Wann ist der beste Zeitpunkt für die Begrüßung mit Handschlag?

Natürlich ist es nicht besonders sinnvoll, jeden vorbeilaufenden Kunden mit einem Handschlag zu jagen. So werden viele Kunden Ihnen auf dem Gang in Ihren Verkaufsräumen entgegen kommen, aber Sie werden nicht jeden Kunden mit dem Handschlag begrüßen. Macht keinen Sinn und wirkt eher aufdringlich. Auch hier wieder eine Ausnahme: Sie arbeiten bzw. verkaufen in einem kleineren Geschäft. In einer beinahe familiären Atmosphäre laufen die *Uhren* etwas anders, und der Kunde erwartet dies tatsächlich auch so.

In einem eher weitläufigerem Küchenfachgeschäft wird der Kunde erst an der Ware bzw. bei Eintritt in ein persönliches Gespräch mit dem Handschlag begrüßt!

Damit ist gemeint, dass der Kunde auf dem Gang selbstverständlich auch begrüßt wird, aber nicht zwingend mit einem Handschlag, außer er kommt auf Sie zu und sie beginnen ein persönliches Gespräch. Auf dem Gang wird der Kunde immer mit der Tageszeit begrüßt. Selbstverständlich. »Guten Morgen, guten Tag, Guten Abend!« Geht ausnahmslos immer!

Dabei lächeln Sie höflich und freundlich. Immer. … Und wenn er nicht zurückgrüßen sollte? Kommt tatsächlich häufiger vor – wir bewerten diese fehlende Aufmerksamkeit einfach *nicht*. Mindestens ist dieses Benehmen des Kunden aber ein Hinweis, den ich als Verkäufer registrieren möchte. Vielleicht hat dieser Kunde schon schreckliche Verkäufer erlebt? … Vielleicht einfach nur genervt? … Aber ich bin nicht nervig! Und schrecklich bin ich auch nicht! … und das Beste auch hier wieder ist, dass dieser Kunde mich ja auch gar nicht meinen *kann*!

Vielleicht braucht der Kunde noch etwas Abstand? … Soll er haben. Wir bleiben verständnisvoll in seiner Nähe!

Läuft dann Ihr Kunde grüßend an Ihnen vorbei, dann lassen Sie ihn erst einmal ziehen. Beobachten Sie ihn gut und vielleicht erkennen Sie schon bald, dass er jetzt Unterstützung benötigt. Das ist Ihr Zeitpunkt. Sie kommen hinzu, und nun begrüßen Sie sich mit Handschlag: „Guten Tag, meine Name ist …!" Nicht immer, aber fast immer reagiert der Kunde und nennt ebenfalls seinen Namen. Das hilft Ihnen weiter, den Kunden folgend im Gespräch ansprechen zu können!

Es gibt noch Kunden, die es so eilig haben, dass sie beim Grüßen oder auch beim Nichtgrüßen einfach an Ihnen vorbei zischen: »Ich wollte nur nach XY schauen, ich finde mich schon alleine zurecht!« Hinterher hechten macht hier nicht wirklich Sinn! … Was aber gut ankommt, vorausgesetzt, Sie kennen Ihre Sortiment und möglich laufende Sonderaktionen sehr gut, dann können Sie dem Kunden anstrahlen und in etwa folgendes mit auf den Weg geben: »Herr Kunde, schön, dass Sie da sind. Sie haben Recht. Am besten, man schaut sich erst einmal in Ruhe um. … Übrigens: Augenblicklich läuft bei uns eine Aktion zum Thema: ABC … Diese Aktion wird sicher auch für Sie interessant sein. Achten Sie bitte auf die Geräte XYZ! … Und wenn Sie Informationen oder eine nette Gesellschaft benötigen, ich komme gerne mit einem schönen Kaffee und einen Gläschen Wasser dazu. Hauptsache, Sie fühlen sich wohl! … Wie trinken Sie Ihren Kaffee? Milch oder Zucker, oder schwarz wie die Seele?«

Ich persönlich gehe mit jedem Leser eine Wette ein! Mindestens jeder zweite so unansprechbare Kunde, den Sie bisher haben nur ziehen lassen müssen, den so, wie in diesem Beispiel angesprochen, und Sie werden Ihr blaues Wunder erleben!

Die Sache mit der spontanen Ansprache

Kennen Sie die Standardansprache im deutschen Einzelhandel?

Hier kommt Platz 1: »Kann ich Ihnen helfen?«
Und hier direkt gefolgt Platz 2: »Kommen Sie zurecht?«

Was ist, wenn Sie als Kunde einmal alleine unterwegs sind und solche Ansprache hören? Vergeht Ihnen dann auch nicht die Lust? In der Kurzfassung können Sie auch sagen: »Dümmer geht's nimmer!« Gerade die erste Ansprache ist so wichtig, weil sie so vieles klar macht. »Habe ich es mit einem klugen – vielleicht sogar einem mir *entsprechenden* – Menschen zu tun?, Wird er mich verstehen können?, Geht er gut mit mir um?«

Wieder das Beispiel von vorhin, und Sie werden sofort erkennen, was gemeint ist: Eine Dame sitzt heute Abend im Club der einsamen Herzen und möchte (endlich) einen Mann kennen lernen, der Niveau verkörpert und lebt. Das können Sie auch schon ganz nebenbei an der Art erkennen, wie sie sich für diesen Abend hier angezogen, geschminkt und geschmückt hat. Und jetzt die Katastrophe. Da kommt ein hübscher Kerl auf sie zu und eröffnet: »Bist Du auch alleine?« … Ist das nicht zum Schreien? … Nein! Die Dame sitzt hier und wartet auf den Bus!

»Kann ich Ihnen helfen?« macht aus jedem Kunden jemand Hilfebedürftigen. Noch schlimmer: »Kommen Sie zurecht?« … Ein großartiger Unternehmer brachte es einmal auf den Punkt: »Dann können Sie doch direkt fragen, ob der Kunde bescheuert ist!« … Dem ist nichts mehr hinzuzufügen. Und doch ist es so wie bei McDonalds: Keiner geht da rein, und doch sind die Restaurants immer berstens voll. Komisch, oder?

In der Gesprächseröffnung geht es um die Eröffnung von Gesprächen. Was sonst.

Wussten Sie eigentlich, dass die meisten Männer beim ersten Ansprechen einer fremden Frau, die sie kennenlernen möchten, scheitern? Warum? Vielleicht deswegen: »Haben wir uns schon einmal gesehen?« … Kurzanalyse: Die Frage ist blöd! … Und die Frage ist eine geschlossene Frageform. Geschlossene Fragen, wenn sie unmittelbar gestellt werden, werden zu mehr als 85 % mit einem »Nein« oder »Stopp« beantwortet. … Merken Sie etwas? … Es ist nicht wirklich schwer, zum Beispiel neue Menschen kennen zu lernen. Es macht aber sicher Sinn, sich im Vorfeld zu überlegen, wie interessant könntest Du Deine Fragen vorbereiten und formulieren?

Jetzt fragen Sie sich: »Du lieber Himmel, was kommt denn jetzt an Lösung? Der Linn hat das Thema so stark aufgebaut. Das muss doch jetzt der Hammer werden!«

Ja, es ist der Hammer! Und das ist er, weil es so einfach ist. So einfach! Denken Sie sich, sie können den Kunden ansprechen, weil er vor Ihnen steht: »Guten Tag Herr Kunde, ich grüße Sie. Mein Name ist Paul Reinhold Linn.« Und wenn Sie dies noch mit einem strahlenden Lächeln hinbekommen wollten. Das ist Perfektion, das ist Begrüßung in Reinstform.

Der Kunde, der angesprochen werden will, der bleibt nun stehen und wird Sie ebenfalls begrüßen. Vielleicht wird er auch schon direkt loslegen und seine Anliegen vortragen. … Ist doch klasse. Was wollen wir denn sonst?

Und der Kunde, der trotz der offensichtlich bestmöglichsten Begrüßung dennoch das Weite sucht? Na? … Er stellt dies alles erarbeitete und vor allem

Sie nicht in Frage! Sie sind und bleiben wunderbar. Auch wenn manchmal ein Kunde etwas länger dazu braucht, dies zu erkennen. Sie sind die Wucht in Tüten.

Noch einmal zur Wiederholung… : »Herr Kunde, schön, dass Sie da sind. Sie haben Recht. Am besten, man schaut sich erst einmal in Ruhe um. … Übrigens: Augenblicklich läuft bei uns eine Aktion zum Thema: ABC … Diese Aktion wird sicher auch für Sie interessant sein. Achten Sie bitte auf die Geräte XYZ! … Und wenn Sie Informationen oder eine nette Gesellschaft benötigen, ich komme gerne mit einem schönen Kaffee und einen Gläschen Wasser dazu. Hauptsache, Sie fühlen sich wohl! ! … Wie trinken Sie Ihren Kaffee? Milch oder Zucker, oder schwarz wie die Seele?«

Entscheidend ist immer die Augenhöhe!

Augenhöhe meint hier nicht nur den Augenkontakt in gleicher Höhe (oder Ebene), sondern vielmehr die Augenhöhe im Sinne der Gleichberechtigung. Menschen suchen im Allgemeinen immer Menschen aus, die ähnlich oder gleich in Sachen der eigenen Selbstwerteinschätzung scheinen.

So wird eine schüchterne Persönlichkeit sich nur bei solchen Menschen wohlfühlen, die ebenfalls schüchtern scheinen. Und der forsche Extrovertierte wird sich ein Gegenüber suchen, der ihm entspricht. So macht das Einkaufen Spaß.

Die Kommunikationswissenschaft definiert folgende Regel: »Sobald wir im Gespräch mit unserem Gegenüber die (subjektive) Augenhöhe verlassen, können wir keine Einigungen mehr herbei führen!«

Begrüßung an der Ware

Die Begrüßung an der Ware ist für Sie im Verkauf die beste Variante, weil Ihnen der Kunde mit seinem Interesse schon seinen Produktwunsch einkreisen hilft. Auch ist es für den Kunden günstig, weil er sich tatsächlich in der Phase des Interesses befindet. Denken Sie sich einmal einen Kunden, der noch gar nicht weiß, was er wirklich sucht. Diesen Kunden sprechen Sie an und fragen nach seinen Wünschen. Was soll der Kunde antworten ohne sich in ein dümmliches Licht zu rücken?

Denken Sie sich einen Kunden, der sich für eine Küchenzeile interessiert und prüfend über eine Arbeitsplatte streicht: **»Guten Tag, mein Name ist …, übrigens diese Küchenzeile ist nur ein Vorschlag. Wir können für jedes Wandmaß eine Küche zusammenstellen!«** Diese Gesprächseröffnung ist klasse, weil sie den Kunden direkt und ohne Umschweife in ein Gespräch zieht. So wird er aufgefordert, Stellung zu diesem einen Stück zu nehmen oder womöglich seine Vorstellungen von einem Polster zu konkretisieren. Sie sind im Gespräch.

Oder: **»Guten Tag, mein Name ist …, diese Ware hier ist sofort verfügbar! Nicht warten – gleich Kochen und wohlfühlen!«** Mit einer solchen Eröffnung geben Sie einerseits ein Motiv vor, sofort zuzugreifen weil die Ware verfügbar ist, und andererseits den Appell, es gleich zu erleben. Großartig.

Oder: **»Guten Tag, mein Name ist …, dieses Esszimmer können Sie auch mit anderen Möbeln ganz hervorragend kombinieren!«** Sie schaffen möglicherweise Neugierde und motivieren den Kunden, seine Vorstellungen preiszugeben.

Oder so: **»Guten Tag, mein Name ist …, diese Einbauküche bekommen Sie exakt nach ihren Wünschen und wird selbstverständlich auf Maß geplant und gefertigt. Diese Küche ist nur ein Planungsvorschlag.«** Dieser Einstieg hilft dem Kunden, Möglichkeiten für sich zu erkennen. Nicht wenige Kunden können sich Varianten von Projekten nicht wirklich vorstellen. Mit dieser Ansprache zeigen Sie dem Kunden, dass dies für Sie üblich und er kein Sonderfall ist. Und außerdem signalisieren Sie ihm, dass Sie gerne für ihn eine individuelle Planung anfertigen werden.

Jetzt lesen und lernen Sie: **»Guten Tag, mein Name ist Paul Reinhold Linn, die Küchenzusammenstellung ist hier nur einer von vielen Vorschlägen«**

Begreifen wir, begreifen Sie, dass Küchen zu 100% mehr sind, als alles theoretische Geplante zusammen je sein könnte, je leisten könnte. Küchen sind Küchenträume sind Wünsche und Träume aus tiefster Seele nach Vollkommenheit! Träume, die von jedem Käufer komplett verschieden sein müssen, ja sogar erwünscht nur sein können, dann verstehen wir endlich, *was* unser »Job« im Verkauf von Küchen ist.

In der Begrüßung des Kunde an der Ware sehen Sie, dass die ersten fünf Worte nichts mit dem Namen zu tun haben sollen. Warum nicht? … na weil die erste fünf Wörter in einer unmittelbaren Ansprache nicht richtig verstanden werden können.

Hiermit machen wir es unserem Kunden sehr viel einfacher, uns zu verstehen und unseren Namen besser behalten zu können.

Während der ersten fünf Worte braucht das Gehirn bzw. der innere Wachhund des Gegenübers die Zeit, herauszufinden, ob wir Freund oder

Feind sein könnten. Das Gehirn ist so schlau, dass es selbst nach dieser halben Sekunde den gehörten Satz dann noch irgendwie zusammen setzten kann. Aber mit Namen hat es regelmäßig seine Probleme.

Vielleicht ist diese Eigenart, nämlich in der Unmittelbarkeit der Ansprache auf den Inhalt eben nicht so genau achten zu können, eine Erblast aus den Zeiten, als wir noch in Höhlen wohnten. Da kam ein Fremder zum Feuerplatz. In Sekundenbruchteilen mussten wir entscheiden, ob er oder sie ein Freund oder ein Feind für uns und die Sippe bedeuten konnte. Eine Fehlentscheidung in Ihrer persönlichen Urahnenreihe, und Sie säßen jetzt nicht mit diesem Buch entspannt und läsen.

Probieren Sie es aus. Beim nächsten Callcenter, beim nächsten Firmenkontakt. Wie leicht wird es sein, den Namen des Gesprächspartners und damit einen Weg zu einem persönlichen Gespräch herauszufinden? Immer dann, wenn der Angerufene innerhalb der ersten fünf Wörter seinen Namen eingewoben hat, werden Sie während der Begrüßung seinen Namen nicht richtig verstehen und nach der Begrüßung schon nicht mehr wissen, mit wem Sie wirklich sprechen.

Also: Begrüßung des Kunden bedeutet somit immer: »**Gute Tageszeit**«, »**mein Name ist** …« das ist perfekte Kommunikation, damit es der Kunde leichter hat, und wir schlussendlich sympathischer als andere wirken.

Noch einmal die Sache mit der Augenhöhe

Eben noch sagten wir, dass die Augenhöhe nicht nur den Augenkontakt in gleicher Höhe meint. Das ist immer noch richtig. Es geht aber auch um das Selbstwertgefühl beider Gesprächspartner. Solange das Selbstwertgefühl beider Beteiligten in einem Gespräch als gleich oder sich entsprechend empfunden wird, ist eine Verständigung möglich! Mit anderen Worten: So bald eine Ungleichheit empfunden wird, wird Verständigung unmöglich!

Der Eine womöglich verhält sich überheblich, wertet den anderen ab – und schon ist Verständigung nicht möglich. Der Andere wertet sich vielleicht selber ab (und somit den Gegenüber auf) – eine Verständigung ist unmöglich! … Hierbei ist es vom Ergebnis einer möglichen Einigung im Gespräch völlig unerheblich, wer welche Differenz in der Wahrnehmung bzw. in dem gelebten Selbstwertgefühl zu verantworten hat, und wer nicht. Entscheidend ist nur, dass es diesen Unterschied *gibt*!

Rein körpersprachlich lassen sich solche subjektiven Wahrnehmungen recht gut beeinflussen. So macht es immer Sinn, sich tatsächlich auch rein praktisch, also auf der körperlichen Ebene, sich auf Augenhöhe zu bewegen. Denken Sie sich nur einen Kunden, der auf einer Eckbank probesitzt. Der Verkäufer steht vor ihm. Na? Was glauben Sie, ist das eine gute Position zum Verhandeln? … Er bleibt aus Höflichkeit stehen? Natürlich nicht!

Wie würde jeder mitfühlende Mensch mit einem Kleinkind ins Gespräch kommen? … Immer auf Augenhöhe. Und wie wäre das? … Immer würde der Erwachsene sich zum Kind herunter beugen bzw. in die Hocke gehen. Das schafft für das Kind Vertrauen und löst die vormals unüberbrückbare Distanzierung (nach oben hin) auf!

So gibt es wunderbare Varianten, dem Kunden zu zeigen, dass wir einerseits auf Augenhöhe mit ihm sind, und andererseits ihn respektvoll mögen. Gehen wir gerade noch einmal zu dem Beispiel mit der Eckbank zurück. Der Kunde sitzt auf der Eckbank, und der Verkäufer spricht den Kunden nun an der Ware an und reicht ihm die Hand: „Guten Tag, mein Name ist Peter Meier, diese Eckbank können Sie ganz wunderbar mit verschiedenen Bezügen zusammenstellen. … *Darf* ich mich zu Ihnen auf *Ihre* neue Eckbank setzen?"

Ist das nicht unglaublich? Sie werden sofort beobachten können, dass die allermeisten Kunden sofort zu lächeln beginnen. Warum? … Weil das unmittelbar in den Bauch ging! Der Verkäufer begibt sich nicht nur auf Augenhöhe (sofern der Kunde zugestimmt hat, was nahezu zu 100 % wahrscheinlich ist), sondern vielmehr gibt er dem Kunden Macht („*Darf* ich mich …") und die Vorstellbarkeit, dass dieses Sofa bereits schon seines *ist*!

Oder denken Sie sich einen Verkäufer, der sich mit an einen Esszimmertisch setzen möchte und fragt: „Frau Kundin, darf ich mich zu Ihnen in *Ihr* neues

Esszimmer setzen?" ... Da entstehen Bilder und immer das Gefühl, dass da jemand mit mir gut umgeht. ... Erinnern Sie sich noch? Bilder sind die Sprache der Seele! Und erinnern Sie sich noch weiter? Da sind doch tatsächlich 90 % der sogenannten Seele für den Kaufentscheid verantwortlich!

Eine gute Ansprachemöglichkeit ergibt sich dann, wenn der Kunde mehrere Produkte prüft, testet, in Augenschein nimmt oder unschlüssig wirkt: **„Guten Tag, mein Name ist …, Sie finden, was sie suchen?"** Dieser Satz ist anders zu verstehen, als dieser: „Guten Tag, was suchen sie?", oder? Während die erste und richtige Variante eine Hilfe bei der Suche nach dem Objekt der Begierde verspricht, ist die zweite Variante eigentlich immer eine kontrollierende Frage. „Was suchen sie?" könnte auch verstanden werden als: „Was suchen sie hier?" Diese Frage klingt wie eine Erklärung, dass der Kunde eher unerwünscht ist!

Beinahe nichts ist in dieser Begrüßungsphase schlimmer, als aufdringlich zu wirken! Denken Sie sich, dass ein Kunde auf dem Weg in die Küchenmöbelabteilung womöglich 10-mal angesprochen und gefragt würde, ob man ihm helfen könne. Das schlägt jeden Kunden in die Flucht!

Auf den richtigen *Standpunkt* kommt es an

Diese kleine Überschrift ist ein Wortspiel zum Auftakt des nächsten Unterkapitels. Eine der Fragen, die immer in jedem Seminar kommen, ist die, wo wir uns zu platzieren haben, wenn der Kunde in unsere Abteilung kommt?

Kurz und schmerzlos können wir sagen: So natürlich, wie es eben geht muss es aussehen. Denken Sie sich einen Verkäufer, der im Möbelhaus mit vor dem Bauch gefalteten Händen steht. Na, wie sieht das aus für Sie? Ziemlich abschreckend, oder? ... Sie kommen nun als Kunde auf solch einen Verkäufer zu. Schon die Erwartungshaltung des Verkäufers *turnt* Sie eher *up*. Und dann scheint er aus Ihrer Sicht augenblicklich beschäftigungslos zu sein und irgendwie auf der Lauer liegend.

Ich kenne Verkaufsräume, da hat der Chef ähnlich einem Fernsehstudio auf dem Boden Klebestreifen geklebt, um den Verkäufern den richtigen Platz zuzuweisen. … Ist das nicht etwas merkwürdig? Vielleicht ist die Idee auch sinnvoll, aber sie wirkt auf die Verkäufer wie ein Käfig. Die Verkäufer fühlen sich nicht wohl und irgendwie merkwürdig. … Glauben Sie, dass das Wirkung zeigt?

Offensiv ist aufdringlich und bringt keinen Erfolg

Es gibt immer noch Verkäuferschulen, die dem Verkäufer nahe legen, dem Kunden entgegenzugehen (am besten noch mit ausgestreckter Hand), um ihn unmittelbar anzusprechen. »Wir greifen uns die, die wir können!«

Das lateinische Wort *Offensiv* bedeuten im Deutschen *angreifend*. Und damit ist schon erklärt, warum diese Grundhaltung nicht funktionieren kann. Sie haben Recht, wenn Sie einwenden, dass ein Verkäufer aktiv sein muss, dass er sich nicht passiv oder *defensiv (verteidigend)* dem Kunden gegenüber verhalten darf. Was Sie aber auf einen Blick erkennen, ist, dass diese Begriffe *Offensiv* und *Defensiv* vielmehr einen Kampf beschreiben, als ein Verkaufsgespräch, in welchen es um Atmosphäre und Begeisterung für Ihre Sache gehen soll.

Das Beste ist immer, Sie behalten den Überblick. Sie sehen den Kunden und geben sich immer zu erkennen. Der Kunde wird begrüßt, und wenn dieser keine körpersprachlichen Signale bzw. sich sonst irgendwie zu erkennen gibt, dass er Sie sprechen möchte, bleiben wir auf höfliche Distanz. Das ist nicht automatisch Passivität, sondern erfordert vielmehr Ihre ungeteilte Aufmerksamkeit.

Denn Sie behalten sozusagen den Kunden im Auge, um mitzubekommen, wie sich die Produktwahl gestaltet. Wie bereits oben aufgeführt kann es sein, dass der Kunde bei einem Objekt stehen bleibt und Interesse zeigt. Dann können sie aus Ihrer aktiven Aufmerksamkeit in die Aktion übergehen. Oder der Kunde schaut sich beispielsweise in Ihrer Ausstellung mit gestrecktem Kopf um. Dann wissen Sie, dass er nach Beratung bzw. einem Verkäufer sucht. Auch hier Sie jetzt zur Stelle!

Es gibt so etwas, wie den Putzfraueneffekt. Dieser Putzfraueneffekt funktioniert so: Der Kunde sucht nach Informationen und schaut sich suchend nach Mitarbeitern um. Den Mann oder die Dame, die aufgedonnert im Zweireiher herumläuft oder die Dame im Kostüm wird tatsächlich nicht angesprochen – aber die Putzfrau oder die Dekorateurin (arbeitende Menschen!, siehe oben) sehr viel leichter! »Sie, schauen sie, ich habe da einmal eine Frage!« Dann sagt womöglich die angesprochene »Arbeiterin«: »Kein Problem, ich hole Ihnen einen Verkäufer!« Und schon wehrt der Kunde ab und sagt: »Nein nein, ich wollte mich heute bloß einmal umschauen!«

Dies deutet wahrscheinlich darauf hin, dass der Kunde vor lauter Angst oder Sorge, dass der übliche Verkäufer Druck ausüben könnte, der Kunde lieber eine eher unbeteiligte Mitarbeiterin anspricht.

Wie der letzte Mohikaner

Zum Ende dieses ersten Stepps des Genius Konzepts möchte ich Ihnen noch einen Zeitgenossen vorstellen, den kein Kunde braucht: den anschleichenden Indianer!

Stellen Sie sich bitte noch einmal vor, wie es sich anfühlt, wenn Sie als Kunde bemerken, dass hinter Ihnen jemand her ist?

Da gibt es tatsächlich immer noch Verkäufer, die dem Kunden hinterhergehen! Stoppt der Kunde und schaut er sich um, dann stoppen diese Verkäufer auch, weil sie noch nach dem richtigen Zeitpunkt Ihrer Ansprache suchen. Darf ich das sagen: Das ist furchtbar! … Es kann sein, dass Sie tatsächlich den Zeitpunkt zur richtigen Ansprache verpassen und der Kunde schon an Ihnen vorbei gegangen ist. Entweder haben Sie nun die Möglichkeit, von der anderen Richtung her beinahe *zufällig* auf den Kunden zu treffen, oder Sie gehen dem Kunde nach, aber nicht in der Absicht, ihn *direkt* anzusprechen, sondern weil Sie offensichtlich etwas in der Ausstellung zu erledigen haben. Einverstanden?

Apropos Ansprache

Wussten Sie eigentlich, dass in den meisten Möbelhäusern tatsächlich allein einkaufende Frauen nahezu *niemals* von Verkäufern angesprochen werden? Ist das nicht unglaublich? … Da werden 50% der Kunden nicht angesprochen mit dem Hinweis darauf, dass allein einkaufende Kundinnen sowieso nichts kaufen wollen. Dafür würden sie ja sowieso mit dem Mann erst einmal wiederkommen müssen.

Wer sagt uns denn, dass diese Kundin überhaupt wieder kommt? Die Verkäufer, die solch eine Einstellung an den Tag legen, sind nicht gut beraten. Denn es ist nicht wirklich schwer vorstellbar, wer in den allermeisten Familien in Sachen Einrichtung zu entscheiden hat! Es sind logischer- und emotionaler weise immer die Frauen.

Selbst wenn die Damen alleine nicht heute in Ihrem Hause zum Abschluss schreiten; - sie werden aber Ihre Männer nur in dieses Möbelhaus führen wollen, in welchem sie aufmerksam beraten worden ist!

Haben wir Umsatz zu verschenken?

Ich möchte das einmal ganz deutlich sagen: Wir brauchen keine Verkäufer, die nur aus lauter Selbstschutz, in die Glaskugel schauen und schon vor der Kundin zu wissen glauben, was geht und was nicht gehen kann!

Selbstschutz bedeutet hier, dass es natürlich keinem Verkäufer Spaß bereiten kann, nicht zum Erfolg zu kommen. Aber deswegen werden wir nicht 50 % der Kunden und nahezu 100% der Entscheidungsträger im Küchenbereich aufgeben können, oder?

Das ist keine Kritik, die ich viel zu laut loswerden möchte. Sondern vielmehr möchte ich Ihnen eher behutsam und leise zuflüstern, dass Sie doch bitte in die Gänge kommen sollten. Warum? … Na weil die Kundinnen aus den großen Palästen wieder in Ihre kleineren Unternehmungen zurückkehren und begeistert werden möchten! Und dann macht es aus Ihrer Sicht Sinn, dass Sie auf dieses veränderte Kaufverhalten gut vorbereitet sind.

Ohne ein ganzes Kapitel wiederholen zu wollen, aber denken Sie daran, es muss einen oder mehrere Gründe geben! Und die sollten Sie kennen! Sie sollten gute Gründe zum Kauf in Ihrem Geschäft kennen und in Szene setzen lernen. Denn dann sind Ihre Kunden begeistert.

Übrigens: Begeisterte Kunden feilschen nicht!

Stepp 2: Die Emotionale Freundschaftswerbung

Dieser 2. Stepp ist eigentlich nicht im strengsten Sinne die Nummer zwei in der Rangliste. Mir geht es vor allem aber darum, dass Sie sofort nach der Eröffnung des Gespräches in die gesteigerte Aufmerksamkeit gehen, um heraus zu finden, was mein Kunde gegenüber von mir jetzt am meisten benötigt! Übrigens, wenn Sie einmal schwanger, oder werdender Vater waren, dann kennen Sie den Effekt sehr gut. Plötzlich, bei gesteigerter Aufmerksamkeit sieht man nur noch Dinge, die man vorher kaum sah. Jetzt sind es andere schwangere Frauen! … Je mehr Sie mit Ihrer Aufmerksamkeit in das Thema des folgenden Kapitels gehen, desto mehr wird Ihnen auffallen. … Je weniger Sie das hier interessiert, desto weniger werden Sie es nutzen können. Irgendwie logisch, und es ist irgendwie auch ein Dilemma. Erst muss ich meine Aufmerksamkeit verändern, und dann folgt die neue nutzbare Erkenntnis – niemals umgekehrt!

Also, was nützt das beste Eisbergmodell, wenn es nicht zur Anwendung kommt? Nichts! …

In dem ersten Teil dieses Buches haben wir erarbeiten können, dass tatsächlich jedwede Entscheidung eines Menschen wesentlich durch das unbewusste Prinzip beeinflusst wird. Das, was wir denken können, dies, was durch unseren Verstand zu leisten ist, ist lediglich nur zu 10% an unseren Entscheidungen im Leben beteiligt. Das Unbewusste dominiert mit 90% unser Leben und steuert uns einem *Autopiloten* gleich. Das Unbewusste beeinflusst unser Verhalten nahezu unbemerkt an unserem Verstand (dem Bewusstsein) vorbei.

So beschreibt Bas Kast , dass bereits im Supermarkt die Beschallung mit Akkordeonmusik ausreichend ist, um den Umsatz der französischen Weine steigern zu helfen. Stellt man nun die Musikrichtung auf bayerische Blasmusik um, so werden wesentlich mehr deutsche Weine verkauft.

Wenn das nicht bewusste und durch und durch undenkbare Prinzip uns steuert, wie kann es dann sein, dass uns Menschen, Partner oder wer auch immer uns zu kennen glaubt? … Denken Sie einmal darüber nach!

»Schatz, ich kenne Dich durch und durch!« Diese Aussage wirkt beinahe lieblos. Denn im Gedenken an unseren Eisberg können Sie nur 10% eines Menschen kennen, den Rest kennen Sie und den kennt er aber eben nicht!

»Das Eigentliche (des Menschen, was ihn ausmacht, der Verfasser) ist unsichtbar!« So Antoine de Saint-Exupéry, ca. 1944)

Das unbewusste Prinzip ist wesentlich für unsere Gefühlswelt verantwortlich und umgekehrt beeinflussen Gefühle das Unbewusste sozusagen in die entgegengesetzte Richtung.

Somit wird jedem klar, dass wenn schon 90% der Einkaufsentscheidungen des Kunden aus einem nichtbewussten Prinzip heraus entschieden werden und zudem dieses Prinzip wesentlich über Emotionen zu erreichen ist, dass unser Verkaufsprozess wesentlich emotional gestaltet werden *muss*!

Prinzipiell beginnt die emotionale Phase mit einem Lächeln – mit Freundlichkeit. Eigentlich selbstverständlich und dennoch für einige Kollegen scheinbar nur schwer zu realisieren?!

(Schauen Sie sich einmal dieses Verkäuferfoto an! … Herr Bernhard Bahnsen, Einrichtungshaus Flohr aus Pattensen, April 2010. Wenn dieser Mann lächelt, gehen die Kunden „vor Dankbarkeit" in die Knie! Einfach umwerfend!)

Wir begrüßen also freundlich unsere Kunden, entweder bei einer Begegnung allgemein in Geschäft mit der Tageszeit, oder an der Ware, wie oben im ersten Kapitel ausgeführt.

Der nächste Zwischenschritt in Sache Emotionaler Freundschaftswerbung ist die Sache mit dem genauen Zuhören. Was sagt der Kunde wie? Ein Beispiel: Der Kunde sagt: „Ich suche ein Bücherregal, 3 Meter breit, 2 Meter 50 hoch und 40 cm tief." Das ist die eher nüchterne erste Variante. In diesem Fall sagt der Kunde noch nicht viel über sich aus.

Nun aber die zweite Variante: „Ich suche ein Bücherregal, 3 Meter breit, 2 Meter 50 hoch und 40 cm tief – ich habe nämlich über 1000 Bücher!" …

Na, was will Ihnen dieser Kunde sagen? Der Kunde wirft Ihnen einen Spielball zu, den Sie bzw. wir fangen müssen.

Nichts in einem Gespräch geschieht wirklich zufällig!

Der Kunde will gelobt werden! Er will Anerkennung. Und zwar von Ihnen.

Ein Beispiel aus dem Privatleben kennen Sie alle. Stellen Sie sich vor, Sie sind eine Frau, die sich mit Anfang Vierzig noch einmal verliebt hat. Eigentlich ein Grund, laut los zu brüllen und die ganze Welt zu umarmen. Aber das trauen Sie sich nicht mehr. Warum nicht? Nun ja, Ihre letzten Versuche, die Liebe Ihres Lebens zu finden, gingen so erfolgreich aus, dass Sie jetzt schon wieder auf der Suche sind. So ist es eben! (Übrigens: Falls Sie augenblicklich in einer solchen Situation sind, so lassen Sie sich ein wenig trösten: Es gibt 3,5 Milliarden Frau und noch einmal so viele Männer. Meinen Sie nicht auch, dass da doch noch einer für Sie dabei sein sollte? … Und noch eines: Wir leben in einer Zeit, die es so noch nie gab. Wir können nämlich tatsächlich noch einmal um entscheiden, ohne direkt geköpft oder anders geschändet zu werden! … So oder so, wir können es über leben, wir können es überlieben!)

Und jetzt sitzen Sie mit Ihrer besten Freundin zusammen und möchte ein wenig von Ihrer Begeisterung vom neuen Freund loswerden. Das kennen Sie! Da platzt man nicht einfach so heraus: »Du, ich habe da einen Neuen«, sondern man macht es vorsichtig, webt sozusagen des Thema gekonnt in den Rest vielleicht heute so belanglosen Erzählungen: »Danke der Nachfrage, ganz gut. Ich war am Wochenende nach langer Zeit wieder einmal Radfahren. … Du kennst die Stelle, da hinten am See entlang. … Und mein neuer Freund ist ja so romantisch!"« … Pause. Nichts passiert. Jetzt plötzlich Ihre Freundin: »Ich glaube, ich muss auch noch einmal Radfahren. Das ist gut für die Gelenke, und wer braucht nicht immer wieder auch einmal frische Luft, die einem um die Nase weht!"« … Schon jetzt würden Sie vor Aufregung, vielleicht sogar Wut, am Liebsten in die nächste Tischplatte beißen. Da sie aber Ihre beste Freundin ist, geben Sie ihr noch einmal eine Chance: »Ja stimmt, Luft um die Nase ist wirklich klasse. Übrigens, er heißt Peter. Und er ist so geschickt. Und wie er es versteht, mit den Kinder umzugehen, die kennen ihn ja eigentlich noch nicht so lange, ist wunderbar!« … Jetzt wieder Ihre Freundin: »… Aber bevor ich das Rad benutzen könnte, muss ich es einmal in die Werkstatt bringen. Sicher ist sicher!«

Na, raten Sie einmal. Das Gespräch wäre in Windeseile beendet. Sie wären sauer über so viel Ignoranz. … Und genau so ergeht es unseren Kunden.

Merke: Alles was Ihnen erzählt wird, Sie aber nicht wirklich einen Nutzen für sich erkennen können, ist dennoch nicht zufällig erzählt. Der Andere will oder braucht etwas von Ihnen!

Worüber jemand nicht erzählen will, erzählt er auch nicht!

Also loben wir ein wenig. Das kostet uns nicht wirklich Mühe, und den anderen wertet es extrem auf. … Noch besser: Und schon weil es die meisten nicht können oder nicht wollen, machen wir es. Wir loben und erkennen unseren Kunden an. Da sichert uns direkt und unmittelbar einen Standortvorteil!

„Über 1000 Bücher! Was lesen Sei denn?" … Und schon erzählt der Kunde über sich! … Prinzipiell lieben es die Menschen, über sich zu erzählen! Die, die nicht viel erzählen möchten, wie in der ersten Variante, wollen womöglich kein tieferes Gespräch. Aus welchem Grund auch immer möchten sie sich zurückhalten. Darf sein – macht nichts. Aber bei denen, die Zusatzinformationen beinahe zufällig einstreuen, geht es immer darum, gehört oder erhört zu werden.

Ein Kunde, der seine 1000 Bücher ins Rennen schickt, der will, dass Sie es hören! Er will, dass Sie mitbekommen, dass er 1000 Bücher hat; - dass er 1000 Bücher gelesen hat, dass er belesen ist?! Vielleicht geht es ihm um die Unterstreichung seiner Bildung oder Intellektualität? Was auch immer es sein kann, er will gerne mehr erzählen, wenn Sie ihn lassen, denn: Sonst hätte er es nicht erwähnt!

Wie alles im Leben ist auch diese Aufnahme dieses Spielballes eine Gradwanderung. Es kann unmöglich Ihre Aufgabe sein, jede Äußerung des Kunden aufzugreifen um den Kunden in ein Gespräch zu verwickeln. So macht es beispielsweise nicht wirklich großen Sinn, bei einem Produkt im Wert von 50 Euro 2 Stunden lang ein Gespräch über die vorhandene Schwiegermutter zu pflegen. Aber denken Sie sich die große Schrankwand für die 1000 Bücher. Da kommen gut und gerne 10.000 Euro zusammen. Warum da nicht Interesse zeigen?

Jetzt bedenken Sie bitte noch folgende Hinweise. Wenn Sie in dem Beispiel der 1000 Bücher fragen: »Was lesen Sie denn?«, dann müssen Sie nur tatsächlich auch ein wenig über Bücher und Literaten wissen! Oder Fragen nach dem Lieblingsautoren werden sicher auch einige Gegenfragen provozieren: »Und Sie, was lesen Sie? Wen lesen Sie?« Um nicht einen Hauch von Kontrast in das Gespräch einziehen zu lassen, sollten Sie also nur solche Fragen stellen, die Sie selber nicht ins Hintertreffen bringen können. … Wenn Sie nicht gerne lesen, keine Zeit fürs Lesen haben oder lesen doof finden, dann können Sie dennoch eine kluge »Triggerfrage« stellen, um so den Kunden ans reden zu bekommen. Mit Triggerfrage meine ich Fragen, die ausschließlich dazu dienen sollen, den anderen zu locken und ins Gespräch zu vertiefen.

Also, ohne viel Ahnung von Büchern zu haben, können Sie eine Differenzierungsfrage stellen: »Darf ich fragen, lesen Sie aus beruflichen oder aus privaten Gründen so viele Bücher?« ... Und schon erzählt Ihnen Ihr Kunde alles, was ihm auf dem Herzen liegt.

Wie sagt der Kölner: »Wovon das Herz voll ist, läuft der Mund über!« Und noch einmal: Wenn ein Kunde dieses Thema nicht gewollt hätte, dann hätte er oder sie es nicht angesprochen!

Vielleicht noch eine kleine Anekdote hinterher? »Herr Kunde, wo Sie das gerade ansprechen. Meine Frau (selbst wenn Sie alleinstehend sind geht das! ... Siehe »Inspektor Columbo«, der seit 40 Jahren seine Frau zitiert, ohne dass sie jemals aufgetreten wäre. Vielleicht ist er anders orientiert?) liest auch gerne und viel. ... Wenn ich nicht regelmäßig nachts um 1.30 Uhr das Leselicht ausschalten, die Brille und das Buch auf Seite legen würde. ... Ach es macht sie aber sehr glücklich ...«

Es geht in diesem Kapitel darum, zu begreifen, dass dieser Kunde etwas loswerden will und wir die Chance nutzen können, ja sogar müssen, sympathischer als alle anderen zu werden, indem wir diesen seinen Spielball kurz aufnehmen! Es wäre unhöflich, nicht zu reagieren und würde Abstand schaffen!

Stellen Sie sich bitte vor, da kommt eine Frau zu einem Bücherregal. »Guten Tag, dieses Regal bekommen sie auch in anderen Größen und Zusammenstellungen.« »Ah ja, ich suche ein Bücherregal, 3 Meter breit, 2 Meter 50 hoch und 40 cm tief – ich habe über 1000 Bücher!« ... »Ja kein Problem, solch ein Regal finden wir schon!«

Was macht ein solcher Verkäufer? Er hat nicht zugehört! Denn eigentlich wollte diese Kundin etwas über ihre Bücher erzählen. ... Wenn wir bemerken, dass der Kunde etwas in den Raum stellt, dann sollten wir aufmerksam zuhören: Da will mir einer etwas erzählen! – Da braucht einer etwas von mir! Hört der Verkäufer da nicht hin, kommt es einer Beleidigung des Kunden gleich!

Wer andere groß macht, wird selber groß!

Der Kunde kommt und möchte einen Schuhschrank für 60 Euro kaufen. Da macht es sicher keinen Sinn, viel zu lange zu plaudern, denn neben einem Kundennutzen gibt es auch einen Nutzen des Verkäufers. So kann dieser ganz geschickt und charmant dem Kunden sagen: »Jetzt möchte ich Ihre Zeit nicht länger in Anspruch nehmen. Wenn Sie mich noch einmal brauchen (oder: Wenn sie das richtige gefunden haben …), sie finden mich hier (oder: Bitte melden sie sich bei mir hier vorne!).«

Der Kunde, der *viel* kaufen will, hat immer Vorrecht. Dies bedeutet, der Kunde, der mit dem *richtigen* Umsatz geht vor! Sicher sind 60 Euro auch viel Geld, und sicher kann der Kunde dann auch noch einen Kleiderständer und später einmal ein ganzes Schlafzimmer oder in ein paar Jahren eine Küche kaufen. Mag sein. Aber jetzt zählt nicht nur das Prinzip Hoffnung, sondern auch ein wenig Ihr Egoismus. … Sie dürfen auch Geld verdienen wollen! … Na? Macht das Sinn?

Was ich damit *nicht* sagen möchte ist, dass Sie ab sofort nur noch die Kunden beraten, bedienen und denen etwas verkaufen, die sich in den Küchenabteilungen oder Ihrem High-Level-Bereich aufhalten. Alle Kunden möchten bei Ihnen einkaufen, und die werden auch bedient. Wir dürfen aber eben auch auf die Verhältnismäßigkeit Acht geben, sodass wir am Ende des Tages auch zufrieden sein können. Hier ist Fingerspitzengefühl angesagt!

„Ich benötige meinen Schrank für meine Skisachen!" Der Kunde könnte auch sagen: „Ich benötige einen Schrank mit einer Inneneinteilung, rechts 3 Böden links eine Stange." Wenn der Kunde „Skisachen" formuliert, dann sicher aus dem bewussten und vielleicht auch unbewussten Grund, dass wir ihn hierzu ansprechen! … „Sie fahren Ski? Fahren Sie Alpin oder Langlauf?"

„Das neue Möbelstück sollte zu meinen Antiquitäten passen!" − „Ja was sammeln Sie denn für Antiquitäten, wenn ich fragen darf?" „Ja Biedermeier!"

„Woher bekommt man denn das noch?" „Vom eigenen Großvater, selber restauriert …!" „Sie restaurieren selber Möbel?" …

Wenn Kunden so etwas sagen, wie: „Wir haben uns gerade ein neues Auto gekauft", dann ist es doch nicht wirklich schwer nach zu fragen, welches Auto sie gekauft haben, oder?

Wollte ein Kunde dies nicht angesprochen wissen, so würde er das Thema nicht ansprechen! Sie als Möbelverkäufer fragen ja nicht: „Gut, das Schlafzimmer möchten Sie haben. Ist die Frage nur, ob sie es sich auch leisten können … Haben sie sich etwa in den letzten Wochen ein neues Auto gekauft?" … Also der Kunde erwähnt sein Auto. Sie fragen nach, und der Kunde beschreibt, dass er sein Auto XYZ mit dem 2 Liter Turbodiesel gekauft hat, dann freuen wir uns mit. Das ist emotionale Freundschaftswerbung pur.

Jetzt noch einmal in diesem Zusammenhang macht es wieder deutlich, was wir wollen!

Rufen Sie sich noch einmal das Zitat von Antoine de Saint-Exupéry in Erinnerung:

»Sich zu lieben bedeutet nicht, sich in die Augen zu schauen! Sich zu lieben bedeutet, gemeinsam in eine Richtung zu blicken!«

„Wir ziehen gerade in unser neues Haus!" – „Darf ich fragen, haben Sie gekauft oder selber gebaut?" Das schafft Sympathie! … „Wir haben gebaut!" „Alle Achtung, das ist eine Menge Arbeit!" „Und wie, wir haben schon seit drei Jahren keinen Urlaub mehr gemacht." …

„Das brauche ich für mein Büro im Haus!" – „Darf ich fragen, haben sie eine eigene Firma? … Was machen Sie denn, wenn ich fragen darf?"

Weitere „Ansatzpunkte sind natürlich: die Kinder, Haustiere, Sammlungen, Einrichtungsgegenstände, Hobby, Sport, Beruf, und vieles weitere mehr …

Beachten Sie, um es noch einmal auf den Punkt zu bringen, dass niemand irgendetwas *zufällig* erzählt. Immer, vielleicht bewusst (also gezielt) oder vielleicht unbewusst (demjenigen sind seine Beweggründe selber nicht immer klar), verfolgt Ihr Gegenüber ein Ziel.

Wir müssen lediglich nur zuhören, und schon haben wir viele Möglichkeiten, der Sympathieaufnahme und der *Werbung* von Freundschaften! ... Apropos Freundschaften:

Behandle immer Deinen Kunden, wie einen guten Freund!

In diesem zweiten Stepp der emotionalen Freundschaftswerbung bauen wir gute Sympathien zum Kunden auf. Und dies setzt wiederum voraus, dass wir uns selber sympathisch sind! ... Vielleicht überprüfen Sie ab und an noch einmal Ihre persönliche Einstellung oder Sie beherzigen die Übung aus dem Kapitel: Kosmetik für die Seele!

Stepp 3: Klärung des Budget

Viele Kollegen verwechseln die sogenannte Budgetfrage mit einer Preisdiskussion. Sie glauben, wenn man viel zu schnell auf den Preis zu sprechen komme, in dem man die vorhandene Budgetvorstellung erfragt, würde man den Kunden entweder vergraulen oder sich mit einer vorgezogenen Preisverhandlung das Geschäft ruinieren. Eine gekonnte Budgetfrage bewirkt genau das Gegenteil! ... Außer ein Verkäufer würde fragen: „Wie teuer darf es denn werden?" Dies wäre wirklich ein Eigentor und gehörte in die Rubrik: *Auftragsverhinderungstaktik*.

Stellen Sie sich vor, Sie haben ein freundliches Gespräch eröffnet, den Bedarf des Kunden erkannt, bieten das Beste an, was der Kunde aus Ihrer Sicht bekommen kann, wollen zum Abschluss kommen, und der Kunde droht plötzlich bei der Nennung Ihres Preise zu kollabieren. Sie sehen Ihren Kunden wirklich betroffen vor sich zusammensacken. Er lässt die

Schultern fallen, gibt auf und kommentiert: »Das es so teuer ist, hätte ich nicht gedacht. Es tut mir leid, aber so viel Geld kann ich nicht ausgeben!« Wir haben ohne zu wissen, über welche finanziellen Möglichkeiten der Kunde verfügt, genauer betrachtet ohne seine eigene Vorstellung der beabsichtigen Investitionssumme, ins Blaue hinein verkauft. Zugegeben, es hätte funktionieren können, … aber diese beinahe Russische-Roulette-Nummer geht viel zu oft zu unseren Ungunsten aus. Verkaufen ist kein Glücks- oder in diesem Falle vielmehr kein *Pech*-Spiel! – sondern macht bei professioneller Anwendung viel Spaß und bringt uns die nötigen Aufträge!

Ein Kunde, der nicht kaufen will, ist kein Kunde! Dies soll bedeuten, dass aber ein potentieller Kunde natürlich voraussetzen muss, dass es bei seinem Besuch in Ihrem Unternehmen tatsächlich um den Tausch von Geld gegen Ware geht. Und das setzt wiederum voraus, dass alle Beteiligten wissen müssen, worum es geht – dass es darum geht!

Noch ein Gedanke vorweg: Welcher Kunde ist imstande, die verschiedenen Herstellernamen den richtigen Preiskategorien zuzuordnen?

Teuer oder billig? Fragen Sie einmal Ihre Kunden ab: »Stammschröer, Schröder, Ewald Schillig, Welle, Röhr, Rehkemper, Jockenhöfer, Joop, Rauch, Ruf, Schäffer, Lockenkemper, Skano, Trüggelmann?« Ihr Kunde wird Sie mit großen Augen anschauen und nicht verstehen, was Sie wollen. Er ist in aller Regel komplett überfordert.

Sagen sie aber: »Hülsta«, da wird jeder sagen: »Teuer«. Rolf Benz – teuer. Aber bei den oben genannten Marken gibt es bei den allermeisten Kunden kein tatsächliches Marken- oder Preisgefühl. Wenn wir Namen hören, wie Gucci, Benz, Hilton, Rolls Royce, Cartier, Boss, Rolex, Hülsta, dann sind das Namen, die der normale Kunde zuordnen kann.

Jetzt bedienen wir den Kunden auf ein Produkt, und wir können ohne Budgetvorstellung nicht wissen, ob der Kunde überhaupt unseren Vorstellungen folgen und schlussendlich preislich mitgehen wird. Wir bauen das Produkt auf und sagen: »Eingeschäumter Federkern, hier der Bezug unverwüstlich, und teflonbeschichtet und Microfaser und die Garnitur hält die nächsten 15 - 20 Jahre. Hartholzgestell. Das Blindholzgestell ist aus Buche. Ergonomischer Sitzkomfort. Es gibt nichts Besseres … und kostet 6000 Euro …«

Der Kunde, der ein niedrigeres Budget für sich selbst vorgesehen hatte, wird nun unter einem Vorwand das Gespräch beenden und Ihr Geschäft verlassen. Vielleicht möchte er noch eine Visitenkarte von Ihnen? »Wir müssen jetzt die Tochter vom Kindergarten abholen! Haben Sie eine Karte von sich?« Sie geben noch Ihre Karte mit und verweisen darauf, dass Sie immer erreichbar sind, außer mittwochs! Der Kunde verlässt freundlich lächelnd das Geschäft und kommt nie wieder!

Sehr wahrscheinlich geht dieser Kunde ins nächste Geschäft. Hier wird der Kunde vielleicht auf Ihr Angebot verweisen und sagen: »Wir haben da eine Garnitur gesehen, die war, glaube ich, von der Firma Keuler.« Dann fragt der andere Verkäufer: »Was hat denn die gekostet?« Und der Kunde: »6000 Euro war schon ein bisschen viel, soviel wollten wir nicht ausgeben. Aber wir wollen nicht qualitativ verzichten.« Und wenn dann der andere Verkäufer gut ist, wird er vorgehen: »Da zeig ich Ihnen einmal was. 30% billiger, gefällt mir persönlich sogar noch besser, wie die Garnitur, die sie mir beschreiben haben. … Darf ich Ihnen das einmal zeigen?« …

Na, wohin geht der Auftrag? … Vielleicht kommt der Kunde noch einmal zu Ihnen – aber nur noch *mittwochs*! Warum ist das so? Weil der Kunde Ihnen nicht erklären will, dass er die 6000 Euro nicht auszugeben imstande war oder nicht ausgeben wollte ohne sein Gesicht zu verlieren.

Also, der Preis bzw. der Budgetrahmen muss möglichst früh im Verkaufsgespräch geklärt werden, damit erst gar nicht der Kunde in eine für ihn unangenehme (weil überforderte oder auch unterforderte) Situation kommen kann!

Neben der direkten Budgetfrage (»Herr Kunde, was möchten Sie investieren?«) gibt es noch eine sehr gute *indirekte* Variante, das vorhandene Budget zu ermitteln bzw. die Kaufbereitschaft zu erfragen: »Guten Tag, Sie finden was Sie suchen?« »Ja, wir schauen einmal rum. … Übrigens,

133

weil sie schon einmal da sind. Gibt es dieses Schrank auch achttürig?«
»Bevor ich etwas Unrichtiges sage, schaue ich schnell einmal nach.« …
Vielleicht beschreibt der Kunde noch, dass links seine Skiklamotten rein
müssen. »Super, fahren Sie Ski? Wie und wo fahren Sie denn? Fahren
Sie alpine oder Tourenski?« »Nein ich bin Skispringer …« »Unglaublich,
klasse, das bewundere ich …!« (Zeitraffer!) … Jetzt zu dem achttürigen
Kleiderschrank: **»So wie der Schrank hier steht kostet er 2.500 Euro und
der achttürige Schrank kosten 3895 Euro.«** …

Wie schon eingangs in dieses Kapitel erwähnt, geht es hier nicht um eine
Preisverhandlung, sondern um die Reaktion des Kunden. (Selbst wenn Sie
den Preis vermeiden und nicht nennen wollten, so wird der Kunde in nahezu
jedem Möbelhaus sowieso die Preisauszeichnungen an der Ware kaum
übersehen können.) Wie reagiert nun der Kunde?

…»Der fünftürige Schrank reicht eigentlich vollkommen aus. Und die Einteilung
gibt es dazu?« (Mit dieser Frage hat der Kunde den Preis akzeptiert!) Sollte
der Kunde nicht einverstanden sein, dann käme jetzt sicher die Frage: »Also
acht Türen sollte er schon haben, aber haben Sie noch etwas ähnliches?« …

Falls der Kunde nach etwas Ähnlichem fragt (und somit mit der ersten
Vorstellung nicht einverstanden ist), müssen wir nun auf die direkte Variante
der Ermittlung des Budgets umschalten: »Herr Kunde, Sie suchen einen
achttürigen Kleiderschrank, in dem Sie auch Ihre Skiklamotten ganz bequem
verstauen können. Was möchten Sie in etwa anlegen? … Wenn Sie mir Ihre
Vorstellungen nennen, dann kann ich Ihnen direkt das Passende zeigen!«

Sollte der Kunde hier keine Angaben machen wollen, was manchmal
tatsächlich vorkommen kann, dann gibt es noch die dritte Variante, die aber
immer erst *nach den ersten beiden Varianten* in das Verkaufsgespräch
mit einfließen kann: Sie zeigen nun in unserem Beispiel einen achttürigen
Schrank, der in etwa 20% unter dem ersten präsentierten (achttürigen)
Schrank liegt (in unserem Beispiel ca. 3900 Euro). »Ich zeige Ihnen noch
einen Schrank, der mir persönlich sogar noch etwas mehr zusagt. Der ist
sogar noch günstiger als das erste Modell. Dieser Schrank kostet 2995 Euro.
Was sagen Sie dazu?«

»Gibt es dazu denn dann noch Rabatt?« … Nicht erschrecken, dies war (ist) ein Kaufsignal!

Einen Kunden, den wir nicht nach dem Auftrag fragen, beleidigen wir tödlich!

In einem Verkaufsgespräch herumzudrucksen und um den Preis herumzueiern macht den Kunden mindestens stutzig. »Was ist los, dass der Verkäufer nicht auf den Punkt kommt? Sollte ich nicht besser die Finger hiervon lassen? Hier stimmt etwas nicht!«, so wird der Kunde solche Verhalten *belohnen*. Oder denken Sie sich einen Kunden, der lange auf die neue Anschaffung hin gespart hat. Vielleicht ist er sogar aufgeregt und voller Vorfreude auf sein neues Möbelstück. Und genau dieser Kunde kommt an einen Verkäufer, der ihm das Gefühl von Unsicherheiten vermittelt. … »Wenn der Verkäufer schon nicht will und unschlüssig wirkt, dann will ich auch nicht!«

Je früher wir den Preisrahmen, das Budget, klären, umso besser!

»Herr Kunde, sie suchen ein pfiffiges Schranksystem für Ihr Schlafzimmer. Da gibt es wunderbare Lösungen in jeder Preisklasse. Darf ich fragen, was möchten Sie in etwa anlegen, damit ich Ihnen direkt das Richtige zeigen kann?«
Je selbstverständlicher Sie diese Frage stellen können, desto zielsicherer kommen Sie unter Einsatz von deutlich weniger Zeit zu Ihrem Auftrag. Unsere Kunden werden weder frustriert, noch unter- oder überfordert. Wir arbeiten professionell! Viel Spaß.

Einen Tipp möchte ich noch geben

Sie kennen das sicher auch aus Ihrem Leben. So viele Dinge weiß man nicht wirklich, ob sie zukünftig so oder ähnlich laufen sollen. … Wie soll eigentlich die nächste Frau aussehen oder der nächste Mann beschaffen sein und welche Eigenschaften sollen bei ihr oder ihm ausgeprägter sein?

Wenn das einmal so einfach wäre. Es ist tatsächlich nicht so einfach, zu beschreiben, was einem gut tut oder gut tun wird. … Was genau würden wir für unser weiteres Glück suchen? … Keine echte Ahnung.

Was immer hilft, ist die Frage einfach negativ zu stellen: Nicht zu fragen, was willst Du – sondern vielmehr: was willst Du nicht!

Herr und Frau Kundin, welchen Betrag darf die neue Küche auf keinen an Betrag bzw., Budget überschreiten?

Ich sage Ihnen aus eigen gemachter Erfahrung, dann kommen sehr viele Nennungen.

Sie als Küchenverkäufer haben damit doch kein Problem. Warum nicht? Weil Sie für jedes Budget immer die richtige Küche werden liefern können. Das ist doch ihr Hauptgeschäft.

In jedem Falle aber machen Sie sich bitte Notizen! Und zwar demonstrative Notizen. Schreiben Sie sich den Betrag, den der Kunde genannt hat, demonstrativ auf! … Und dabei ist es unerheblich, welchen Betrag er genannt und sie aufgeschrieben haben. Viel, viel wichtiger ist nur, dass der Kunden gesehen hat, dass Sie sich diesen Betrag auch wirklich aufgeschrieben haben. Am besten, Sie haben einen Block bei sich, auf dem dieser Betrag notiert und für den Kunden nachvollziehbar und erkennbar erfasst wurde. … Jetzt weiß der Kunde, dass es konkret wird.

Stepp 4: Klärung des Liefertermins

Nachdem wir nun die preislichen Vorstellungen ermittelt haben, müssen wir unbedingt auch noch die terminlichen Wünsche des Kunden erfragen.

Ich weiß, dass diese Frage die meisten Verkäufer vor eine beinahe dumme Situation bringt. Nämlich, der Kunde äußert einerseits zwar einen Wunschtermin, aber andererseits ist es dem Verkäufer kaum möglich, überhaupt Einfluss auf die Lieferzeit zu nehmen.

Keine Angst vor Terminen

137 —

Die Abfrage des Liefertermins bzw. des Termins zum konkreten Bedarf des Kunden gibt Ihnen im nachfolgenden Verkaufsprozess Informationen an die Hand, die Sie dringend benötigen.

„Guten Tag, dieses Zimmer erhalten sie auch in anderen Zusammenstellungen." „Wunderbar, gibt es diesen Schrank auch mit 8 Türen?" „Selbstverständlich, aber warten Sie einen Augenblick, ich schaue noch einmal genau nach, bevor ich ihnen eine falsche Auskunft gebe." „Wissen Sie, ich benötige diesen Schrank achttürig, weil ich eine Einteilung für meine Motorradsachen haben möchte." „Ach, sie fahren Motorrad. Darf ich fragen, was sie fahren?" „Eine XYZ …" „Dieser Schrank mit acht Türen kostet 3895 Euro." „Und dies mit meiner Wäscheeinteilung für meine Motorradsachen funktioniert?" „Selbstverständlich. **Die Lieferzeit für diesen Schrank beträgt ca. 8 bis 10 Wochen!**" „Oh, ich wollte diesen Schrank möglichst bald haben. Ich bin umgezogen und mein alter Schrank passt nicht mehr an den neuen Platz!"

Wenn Sie nicht in einem Mitnahmemarkt arbeiten, werden Sie immer Kunden haben, die lieber früher als zu spät Ihre Produkte mitnehmen möchten. Die Argumente, dass diese Möbel keine Lagerware sind sondern nur auf Kundenwunsch hin gefertigt werden, kennen Sie genügend.
Was ich meine, was uns im Gespräch Nutzen stiftet, sind die Hinweise, die der Kunde uns so nebenbei erzählt. Vielleicht: Umzug in eine neue und/oder kleinere Wohnung? Was an Möbel sollte noch ausgetauscht werden?

Vielleicht ist der Terminwunsch so dringend, dass Sie möglicherweise direkt aus Ihrer Ausstellung heraus verkaufen können? Denken Sie sich einmal eine Familie mit einem heftigen Brand- oder Wasserschaden. Da sind 10 Wochen

Lieferzeit völlig unrealistisch! … Und wenn schon ein solcher Schaden vorliegt, dann betrifft es immer auch ganze Zimmer bzw. Wohnungseinrichtungen. Meinen Sie nicht auch, das könnte sich für Sie lohnen, das zu wissen?

In der Projektplanung sind die Terminvorstellungen mit das Wichtigste für Sie, damit Sie nicht nur Entscheidungen rechtzeitig fossieren und steuern, sondern auch eine sinnvolle Wiedervorlage organisieren können!

Ein Kunde kommt zu Ihnen in Ihr Küchenstudio und interessiert sich für Ihre Küchen. Mehr noch, er zeigt sogar großes Interesse an einer Küchenausstellung. Er hat seine Raummaße dabei, hat viele Fragen, und Sie könnten doch eigentlich jetzt so richtig in die Vollen gehen. … Die Terminfrage ist jetzt an dieser Stelle so wichtig, damit Sie nicht nachher (nach 2 Stunden) mit leeren Händen frustriert dastehen.

Das kennen Sie doch auch: Der Kunde ist angetan und begeistert, aber … er möchte mit seiner Frau im nächsten Sommer ein Haus kaufen oder bauen. Super, oder? Wie heißt es so schön: Nichts Genaues weiß man nicht! … Natürlich kann dieser Kunde mal ein wirklich zufriedener Kunde werden, natürlich kann es sein, dass er sich in drei Jahren an Sie und Ihre selbstlose Freundlichkeit erinnert? Kann alles sein! Aber selbst wenn der Kunde dann nach einiger Zeit wieder mit Ihnen arbeiten wollte, müssten Sie sowieso die Planung komplett neu anfertigen, oder?

„Wir ziehen Anfang Februar in unser neues Haus. Und mir wäre es wichtig, dass in der Woche vor dem Einzug die Küche komplett aufgebaut und funktionstüchtig ist." … Jetzt wird es für Sie sehr viel konkreter. Jetzt wissen Sie, dass bis Mitte/Ende Januar die Küche geliefert und die Montage organisiert werden muss. Dies wiederum macht eine Entscheidung bis Mitte November zwingend. Und da Sie von heute (beispielsweise Anfang Oktober) an noch sechs Wochen Zeit für die Planung haben, wissen Sie, dass in diesen Wochen die Entscheidung getroffen werden wird.

**Lassen Sie sich niemals auf eine Projektplanung
ohne Terminvorgabe ein!**

Als Verkäufer benötigen wir Termine, um aktiv nachhalten zu können, wann welche Entscheidung getroffen werden muss. Was nützt Ihnen eine perfekte Planung und ein umfangreiches Angebot, wenn Sie diese Ausarbeitung nicht nachfassen können?

Es gibt Verkäufer, die glauben tatsächlich immer noch, dass Angebote sich von alleine verkaufen würden. Frei nach dem Motto: Der Kunde hat von mir alles bekommen, jetzt muss er reagieren! …

Ihre und meine Erfahrungen sind andere! In aller Regel vergleicht der Kunde Ihre Ausarbeitungen und Kalkulationen mit anderen Anbietern. Und da die meisten *Aussteller von Angeboten* ihre Angeboten nicht nachfassen, liegen dann irgendwann 5 passive Angebotsmappen beim Kunden. Und wenn niemand mehr mit dem Kunden spricht, dann wird er sehr wahrscheinlich das vergleichen, was er vergleichen kann – den Preis. Gut, vielleicht glauben Sie, im Preis unschlagbar zu sein. Warten Sie ab.

Und was ist, wenn Sie einer dann doch noch unterboten hätte? Sie bekommen es nicht mehr mit. Warum? Weil sich aus Ihrem Hause niemand mehr traut, den Kunden anzusprechen. Viel Arbeit für kein Ergebnis.
Oder Sie wissen tatsächlich schon vor der Angebotsabgabe, dass Sie unmöglich der günstigste Anbieter sein können. Sie planen einfach besser. Vielleicht ist Ihnen in der Planung ein bestimmter Standard wichtiger, als für andere? Ja dann aber sollten Sie umso wichtiger im Gespräch bleiben!

Erstrecht sollten Sie angesichts der Tatsache, dass die anderen vier Anbieter sich eben nicht mehr um den Kunden kümmern, Ihrem Kunden zeigen, worauf der Kunde nicht verzichten sollte.

»Wissen Sie Herr Kunde, ich hatte gestern Abend, sorry vorgestern Abend – die Zeit vergeht wie im Flug – ein Gespräch mit einem Kunden ganz in Ihrer Nähe. Und der sagte: Wenn ein Anbieter, der von mir etwas (den Auftrag) will, schon *vor* der Auftragsvergabe nicht gewillt ist, Einsatz zu zeigen, was soll denn dann erst *nach* der Auftragsvergabe sein, wenn ich ihn brauche?"

Glauben Sie einmal, wenn es unseren Kunden nur um den Preis ginge, dann würden sich die Einkaufsentscheidungen deutlich beschleunigen lassen.

Was kaufen und wollen unsere Kunden wirklich? Vielleicht lesen Sie noch einmal im ersten Teil dieses Buches das dazugehörige Kapitel: „Was kaufen unsere Kunden wirklich?"

Eines muss uns aber im Verkauf klar sein: Wenn wir unsere Chancen vor der Auftragsvergabe nicht nutzen, dann wird ein Anderer unseren Auftrag erhalten – wir haben ihn nicht verdient!

Jeder Kunde, der in Ihr Möbelhaus kommt, möchte kaufen!
Die Frage ist nur, ob er bei Ihnen wirklich darf?

Und: Jeder Kunde, der zu uns kommt, hat noch nicht gekauft oder sich anderweitig entschieden! Oder?

Die Kombination aus Fragen des Budgets und des geplanten Liefertermins machen meine Verkaufsaktion ziemlich schnell schlüssig. Will ein Kunde aus überquellenden Mitteln kein Budget benennen, dann sollte er aber zumindest eine Vorstellung davon haben, für wann er seine Möbel braucht! … Kann aber ein Kunde weder das Budget noch den gewünschten Liefertermin benennen, dann scheint irgendetwas nicht richtig zu laufen. Die Premiumklass-Käufer kaufen sicherlich nicht nach dem Budget ein; - aber sie werden ganz sicher wissen, für wann sie dieses neues Möbelstück haben möchten. … Klar logisch. … Hiermit machen wir aber unsere Verkaufsgespräche unbedingt konkreter.

Stepp 5: Die Bedarfsanalyse

Dass es in der Bedarfsermittlung um die Ermittlung eines gewünschten Produktes für den Kunden geht stimmt nur vordergründig. Deutlich wichtiger ist es in dieser Phase, den Wunsch hinter dem Produkt herauszufinden.

Selbstverständlich macht es keinen Sinn, einem Kunden, der eine Regalwand sucht, ein Bett oder Schlafzimmer zu zeigen!

Klar, ein Kunde im Küchenfachgeschäft braucht oder sucht Küche! Wo vor wir uns nur hüten müssen, ist die viel zu schnelle Einschätzung des Verkäufers. Ein Beispiel verdeutlicht und macht sofort für Sie erkennbar, was ich meine. Denken Sie sich eine Schlafzimmerabteilung in einem Möbelhaus. Na, was verkaufen die hier? Betten! Klasse.... Und was sucht oder braucht ein Kunde, der ein Bett kaufen möchte?

Jetzt kommen Sie mir bloß nicht mit: »Der sucht ein Bett zum schlafen!« Denn genau um diese Fehler geht es in der alltäglichen Verkäuferpraxis. Wir treffen Annahmen, die stimmen können, aber nicht stimmen müssen! Ein Bett ist zum schlafen da! Sensationell. Lassen wir doch erst einmal unseren Kunden zu Wort kommen, oder? … Vielleicht ist es sogar so, dass nahezu jeder Kunde andere Vorstellungen hat.

Der eine sucht ein Bett aus ganz praktischen Gründen. Das Bett muss viel Stauraum in Schubkästen realisieren.
Andere möchten sich zurückziehen können, wenn einmal ein gutes Buch dran ist. Klar, das Bett sollte auch so etwas wie Leselicht anbieten. Wäre schon schön!
Es gibt Menschen, die möchten in Ruhe Fernsehen schauen (Sie glauben gar nicht, wie wichtig in den meisten Schlafzimmern mittlerweile ein Kabel- bzw. ein Internetanschluss, besser noch beides ist!) und brauchen daher ein verstellbares Kopfteil für bequemes Sitzen im Bett.
Nicht zu unterschätzen ist auch die Fraktion von Käufern, die endlich einmal in ihrem Leben schmerzfrei schlafen möchten. Hier ist das Stichwort nur »gesundes Liegen«. Denen mit einer Leselampe oder Schubkästen zu kommen, wäre so überflüssig, als wenn Sie eine eingebaute Mikrowelle fürs Bett vorschlagen wollten. Sie haben Recht, es gibt nichts, was es nicht gibt. Aber dem Kunden, der sich besonders für Gesundheit stark macht, der wird sich erst einmal mehr mit Lattenrost und Matratzen auseinander setzen. Übrigens hier kommt ein neuer Megatrend auf uns zu gerollt. Die Kunden werden in den nächsten 10 bis 20 Jahren deutlich mehr für Entspannung, Wellness und gesundes Schlafen ausgeben wollen!

Ein anderer Kunde möchte ein Futonbett kaufen. Dem hier mit Komfort-Einstiegshöhe in der Beratung zu kommen, wird nicht der Bringer sein. Vielleicht verkaufen Sie dem lieber noch ein Samureischwert fürs Kopfende? (Übrigens: Dies könnte eine sehr gute Kombination für Freudianer zum Thema permanenter Kastrationsangst werden!?)

Und was sucht wohl dieser Kunde, der fasziniert vor dieser Ausstellung stehen bleibt? Glauben Sie, dass es Sinn macht, diesem Kunden von Geprüfter Sicherheit oder einem Umweltengel zu erzählen?

Ob Sie mir das glauben oder nicht, dieses Arrangement im schwarzen Kunstleder und inklusive Handschellen (am Kopfteil befestigt!) nennt sich frech Modell SM. … Kompliment. Kompliment für den Mut und die Offenheit, etwas mehr Phantasie in das auch manchmal *müde* ausschauende Geschäft zu bringen! … Wussten Sie, dass das Bettengeschäft nach dem Küchenhandel das Interessanteste überhaupt im Möbelbereich ist?

Da können Sie quadratisches Geld verdienen, dann vor allem, wenn Sie gestandene Verkäuferpersönlichkeiten haben, die mit Witz, Fachwissen, Lebenserfahrung und mit Freude verkaufen!

Also noch einmal, die Produktvorstellungen des Kunden sind die Basis unserer Verkaufsgespräche. Was wir beachten müssen, sind sozusagen die hintergründigen Vorstellungen oder *Ideen*, die ein Kunde zu einem bestimmten Produkt hegt und pflegt. Was stellt sich jemand unter einer Küche vor? Was ist ihm wichtig? Was will er zu seiner vorherigen Küche verbessern? Was bedeutet es für ihn, in einer perfekten Küche zu kochen, zu leben?

Bei solcher Fragestellung erhalten wir viele Informationen über mögliche Kaufmotive. An früherer Stelle haben wir bereits gezeigt, dass es auf die jeweilige Idee ankommt .

Stellen Sie offene Fragen!

„Was ist für Sie bei der Auswahl der Fronten besonders wichtig?" Würden Sie einfach nur fragen, ob es etwas Wichtiges geben würde, was bei der Auswahl der Türen zu beachten sei, bekommen Sie nicht wirklich befriedigende oder weiterführende Antworten. (Der Unterschied ergibt sich alleine schon durch die Wahl der Frageform.)

„Haben Sie schon Erfahrungen mit dieser polierten Oberfläche gemacht? – Wenn ja, darf ich fragen, welche?"

Die Sache mit der Handskizze

Im Zeitalter der Computertechnik ist es längst üblich geworden, dass unsere Kunden beinahe in jedem Möbelhaus bereits in dem ersten Verkaufsgespräch eine mit dem Computer gefertigte Zeichnung erhalten. Viele Kunden beeindruckt das sehr. Es gibt aber auch Kunden, die diesen Service eher gering schätzen, weil es *nur* aus dem Computer kommt?! Ein weitverbreitetes Klischee ist dies, dass ein Computer seine Arbeit alleine machen würde. Sozusagen auf Knopfdruck kommt eine Küchenplanung oder die Planung eines Wohnzimmers heraus. … Der Glaube an die Fähigkeiten an einen PC ist komplett unrealistisch. Vielleicht glaubt der Kunde, dass schon die Eingabe der Kundendaten, wie Name, Straße und Ort dem Rechner reichten, um eine perfekte Arbeit abzuliefern.

Noch wichtiger sollte folgender Aspekt sein. In einem wunderschönen Möbelhaus in der Nähe von Lüneburg wurde ich Augenzeuge einer wahrhaft denkwürdigen Situation. An einem Übereckschreibtisch saßen eine Dame und der passende Herr daneben und starten auf einen Bildschirm, der etwa im Abstand von 4 Metern ihnen gegenüber auf ca. 2 Metern Höhe montiert war. Im rechten Winkel zu dem Paar saß in ca. 1,5 Metern Entfernung am gleichen Schreibtisch eine Verkäuferin, die den Computer bediente. Also sie machte die Eingaben, die unmittelbar dann auf diesem großen Bildschirm für die Kunden sichtbar wurden.

Das ist keine Kritik, sondern nur eine Beobachtung! Und diese Verkäuferin, ich schätze sie sehr, hatte unbeschreibliche Mühe, überhaupt mit ihren Kunden im Gespräch zu bleiben! … Und begeistert waren diese Kunden zum Schluss auch nicht!

Das Problem der »EDV-isierung« (der Übertragung von wesentlichen Aufgaben in der Planung) ist dieses, dass wir VerkäuferInnen unsere Kompetenz auf diesen »blöden« Rechner übertragen! Ich will Sie nicht verärgern, zumal Sie Unsummen gerade in diese Softwareausstattung haben investieren müssen. Und das haben Sie richtig entschieden! Was ich meine ist die Sache mit einer gekonnten Inszenierung und der richtigen Reihenfolge! … Im Schlimmsten Fall vertrauen wir viel zu schnell auf die Effekte einer Software und verpassen leider die Möglichkeit, den Kunden durch unsere Kompetenz ins Boot zu holen.

Also zeichnen Sie erst mit der Hand und dann kommt die Übertragung in das Rechnersystem! Das ist Profession. Beteiligen Sie den Kunden sichtbar bei der Entstehung seiner Traumküche auf dem Papier. Und dann erst, und nur

dann, wenn der Kunde richtig überrascht und begeistert von Ihren Künsten ist, schlagen Sie vor, diese Planung in das Planungssystem zu übertragen. Sie werden staunen, was das mit dem Kunden macht!
Ich gebe zu, die nachfolgende Skizze geht nur den wenigsten von Hand. Aber versuchen Sie einmal die Ansprache des Kunden mittels einer Skribbelskizze. Sie werden verblüfft von der Wirkung auf den Kunden und Ihr Kunde von Ihrem Engagement komplett begeistert sein.

145 —

Und schon weil alle anderen mit dem Computer zeichnen, könnte es für Sie eine weitere Motivation sein, es anders (auffälliger) für den Kunden zu gestalten. Kunden lieben das Besondere und sind gerne dankbar!

Zwei kleine Fragen bringen es auf den Punkt

Fragen Sie doch einfach in der Bedarfsanalyse einmal nach dem jetzigen Zustand? Fragen Sie doch einmal, wie denn jetzt die Küche aussieht? Wie ist sie eingerichtet, und was ist wo angeordnet?

Jetzt verwerfen Sie bitte diese Methode nicht sofort, sondern denken Sie in Ruhe noch einmal darüber nach. Doch, es macht sogar sehr viel Sinn, herauszufinden, was augenblicklich sozusagen in der Küche des Kunden los ist. »Frau Kundin darf ich fragen, wie sieht jetzt Ihre Küche aus? ... Wie ist sie angeordnet?« (Vergessen Sie nicht, ab und an ein kleines Lob dem Kunden rüber zu faxen!)

Zum einen beschreibt der Kunde vielleicht seine Vorlieben und Erfahrungen, mit denen er gut bedient war und ist. Und zum anderen bekommen Sie mit dieser Frage mit, was eben nicht gestimmt hatte, was zu verbessern ist.

Übrigens: Wenn der Kunde nicht von alleine in eine gewisse Form von Leidensdruck gerät, helfen Sie sanft nach! »Was möchten Sie nun an dieser bestehenden Anordnung/an der jetzigen Küche wie und warum ändern?«

Jetzt sind Sie bitte aufmerksam und machen sich Notizen!

Wenn Sie jetzt alles richtig machen, dann hat der Kunde das Gefühl, noch niemals so verstanden gewesen zu sein!

Stepp 6: Die Angebotsphase

In dieser Phase des Gespräches fassen Sie im Prinzip lediglich die Erkenntnisse zusammen, die sich im Gespräch mit dem Kunden ergeben haben und verknüpfen diese mit Ihren Produkten so, dass dabei ein erkennbarer Nutzen für den Kunden heraus springt. In diesem Kapitel erhalten Sie einige interessante Beispiele.

Wecken Sie Wünsche

Auf der Suche nach der Idee des Kunden ist neben der offenen Fragetechnik, die *Präsentation von Ideen* bzw. Ideenkonzepten sehr sinnvoll und großartig in der Wirkung auf Kunden.

Stellen Sie sich einmal folgende Aufgabenstellung vor: Ein Mann steht vor einer 200 Meter langen Mauer, die 2,5 Meter hoch ist. Er soll mittels einer fertig vorbereiteten Angelrute in einem hinter der Mauer liegenden Teich einen Fisch fangen. Das Problem ist nur, dass er nicht auf die Mauer steigen und drüber schauen darf und dass er nicht weiß, wo sich genau dieser Teich hinter der Mauer befindet.

Ein unstrategisch denkender Mann würde vielleicht alle fünf Meter mit Hilfe der Angel den Köder über die Mauer hinweg auswerfen und würde, wenn er den Teich nicht zufällig trifft, spätestens nach drei Versuchen kläglich scheitern. Der Haken hätte sich irgendwo im Hinterland der Mauer verhakt oder wäre abgerissen und der Köder wäre verloren gegangen. Im Ergebnis aber würde dieser Mann, sofern sein *Glück nicht ausgereichen würde*, scheitern!

Ein guter Verkäufer löst diese Aufgabe anders: Er nimmt sich eine Hand voll Steinchen, schreitet die Mauer entlang und wirft alle paar Meter immer ein Steinchen über die Mauer. Dort, wo es plätschert, dort markiert der die Stelle, holt seine Angel hinzu und angelt! (Bilder oder Gleichnisse gehen immer gut aus! Aus diesem Grunde gehen wir stillschweigend davon aus, dass natürlich der Fisch den Köder sieht und beißt!) Im Ergebnis aber zeigt sich analog zu einem guten Verkaufsgespräch, wie wichtig es ist, erst einmal die Lage zu peilen, wo denn *geangelt* werden kann.
Selbstverständlich glaubt jeder Angler, dass die Fische nur seinen Köder lieben werden. Aber meinen vollen Einsatz zeige ich erst dann – mein Angebot kommt erst dann auf den Tisch – wenn ich mir sicher bin, dass dort (an der Stelle des Gespräches) der Ertrag besonders hoch bzw. wahrscheinlich ist!

Eine Kundin kommt in unser Geschäft und beschreibt ihre Idee, dass sie in einen bereits eingerichteten Raum eine zusätzliche Besprechungsecke einrichten möchte. Sie mag Design und sammelt Antiquitäten, sagt sie. Sie benötigt einige Stühle und wie es scheint, haben wir mit ihr das richtige Modell gefunden. Preisvorstellung und Liefertermin sind auch kein Problem. Jetzt geht es um den Kundennutzen.

Variante 1: »Frau Müller, wie sie mir gesagt haben, würde Ihnen dieser Stuhl gefallen, dies wäre eine gute Wahl. Dieser Bezug aus Polyacrylnitril in Leinenbindung und diese Hartplastikschale ist auch sehr pflegeleicht. Und dann ist dieser Stuhl auch noch sehr stabil. Er hat hier noch ein verchromtes Metallgestell und auch noch unten Hartplastik.«

In dieser Variante hat der Verkäufer wirklich vollständig das Produkt mit all seinen Vorzügen beschrieben und angeboten. Wir können noch darüber hinweg sehen, dass der Verkäufer mit „Würde" und „Wäre" formuliert. In der Präsentation nicht sehr geschickt, weil es die Präsentation als solche bereits infrage stellt. Der Frau Müller *würde* also dieser Stuhl gefallen?! … Gefällt er jetzt, oder gefällt er nicht? Was muss geschehen, damit dieser Stuhl gefallen *würde*? Ab wann *wäre* denn der Stuhl eine gute Wahl?

Wesentlich wichtiger aber in unserem Zusammenhang der ersten Variante ist der Umstand, dass die Kundin mit Ihren Ideen nicht in Bezug zu dem Produkt gebracht wird. Sie kommt nicht vor!

Variante 2: »Also Frau Müller, so wie sie jetzt Ihren Raum beschrieben haben, benötigen Sie ja diese Besprechungsgruppe. Und dieser Stuhl ist so unaufdringlich, dass ihre vorhandenen Antiquitäten in diesem Besprechungszimmer weiterhin sehr gut zur Geltung kommen. Dieser Stuhl drängt sich mit seinem schlichten aber feinen Design nicht in den Vordergrund. Und wenn sie darauf zu sitzen kommen, dann bemerken sie, dass dieser Stuhl wie für sie gemacht ist. Der hat beinahe fast alles. Eine super Ergonomie, und dass er stabil und pflegeleicht ist, ergibt sich ja von selber.«

Während sich in der ersten Variante der Verkäufer offensichtlich an die harten Fakten hat festhalten und sich auf diese unumstößlichen Daten eben hat stützen können bemerken Sie in der zweiten Variante, dass der Verkäufer sozusagen *weiche* Faktoren mit ins Gespräch bringt. Er wagt sich sozusagen aus der sicheren objektiven weil nachprüfbaren Welt in die Welt der Kundin, die alles andere ist, als starr, nachweisbar und sicher.

Und Sie erkennen gerade schon beim ersten Beispiel, dass der Verkäufer, sobald er auf die Kundin zugeht, unsicher wird. Er gebraucht Konjunktive (würde, wäre …). Die Sache mit dem Polyacrylnitril, der Leinenbindung und Hartplastikschale macht ihn sicher. Was genau sich die Kundin vorstellt, dies hat etwas mit subjektiven Empfindungen und Aufmerksamkeiten zu tun, verunsichert ihn.

Die Präsentation in der zweiten Variante ist für sich genommen ein *subjektives* Wagnis. Der Verkäufer hat herausgehört, dass die Kundin einen unaufdringlichen Stuhl möchte. Es könnte tatsächlich sein, dass sich der Verkäufer irrt! Denn seine Interpretation ist nicht die harte Faktenlage. Er vermutet nur *emotional*! Oder mit anderen Worten, er wendet die emotionale Argumentation an. Dies bedeutet, dass er Stimmungen aufnimmt und mit dem Produkt verpackt wiedergibt.

Was er dann aber immer tun muss, ist, die Kundin bei solcher Argumentation gut zu beobachten. Er muss mitbekommen, wie sie darauf reagiert. Schüttelt die Kundin beispielsweise dabei leicht den Kopf oder schaut kurz weg, dann ist das ein ziemlich sicheres Zeichen dafür, dass er die Sache nicht richtig interpretiert hat. … Hier muss er nachfragen und sein Gedankenmodell überprüfen.

Trifft er aber sozusagen den Nerv der Kundin, so wird diese sich bestätigt fühlen und ihrerseits die Richtigkeit seiner Präsentation bestätigen.

Die Sache mit der Nachfrage – die beste Nachfrage, die es gibt!

In der Theorie sind alle Lösungen so leicht, so einfach in der Umsetzung. Und immer reagieren die Kunden in der Theorie goldrichtig, wie beabsichtigt.

Das Verkäuferleben ist aber nicht die Theorie, sondern besteht nur aus praktischen Erfahrungswerten, die von Kunde zu Kunde immer wieder verschieden sein können. Dies sind die Standardabweichungen, die unsere Arbeit auch so interessant machen.

In unserem oberen Beispiel der zweiten Variante, formuliert der Verkäufer emotional: » Und dieser Stuhl ist so *unaufdringlich*, dass ihre vorhandenen Antiquitäten in diesem Besprechungszimmer weiterhin sehr gut zur Geltung kommen. Dieser Stuhl *drängt* sich mit seinem *schlichten* aber *feinen* Design nicht in den Vordergrund. Und wenn sie darauf zu sitzen kommen, dann bemerken sie, *dass dieser Stuhl wie für sie gemacht ist*. ...« Die Kundin schaut ihn vielleicht wortlos an. Vielleicht geht sie einen halben Schritt zur Seite, oder sie lässt sich eben noch im Stuhl am Besprechungstisch aufrecht sitzend nunmehr in die Rücklehne fallen.

Sie spüren, irgendetwas liegt in der Luft. Was tun?

Nachdem Sie im ersten theoretischen Teil den Eisberg als Modell zur Beschreibung von menschlichem Verhalten verstanden haben, wird Ihnen bei der Betrachtung der nunmehr folgenden Fragetechnik sehr schnell klar werden, *warum* diese Frage so *genial* ist!

„Frau Kundin, ich bekomme da gerade mit, dass Sie da etwas beschäftigt!" ... (Sprachpause) ... „Was beschäftigt Sie?"

Diese Frage öffnet Ihnen im Bild gesprochen Tür und Tore zum unbewussten 90%tigen Entscheidungsanteil Ihres Gegenübers. „Frau Kundin, ich bekommen da gerade mit ..." – diese Formulierung einer an sich streng genommenen *Behauptung*, denn eigentlich *können Sie nicht wirklich wissen*, dass die Kundin etwas beschäftigt, macht nahezu jeden Kunden glücklich! Ich sage ihnen auch warum: Weil diese Formulierung im Bauch des Kunden (als Sitz des Unbewussten im Modell gesprochen) ein wunderbares Gefühl auslöst.

Stellen Sie sich vor, Sie sind vielleicht 10 Jahre und länger verheiratet oder in einer anderen festen Beziehung. ... Und weil das Leben natürlich nicht ideal ist, ist es bei Ihnen nicht anders, als bei den allermeisten auch: Man hört sich gegenseitig nicht wirklich zu! Viel zu schnell werden Annahmen getroffen, und der Partner weiß meistens schon vor dem Ende Ihrer noch auszusprechenden Sätze, was Sie sagen wollen . ... Damit Sie mich richtig verstehen, hier geht es nicht um Anklage oder Bewertung von sogenannten *normalen* Beziehungen! Hier geht es um die Verdeutlichung eines wichtigen Umstandes, den wir auch für uns nutzbar machen können.

Wenn die meisten Menschen selbst in einer *normalen* Beziehung eher defizitär im Sinne der Aufmerksamkeit leben, dann wird gerade denen es sehr gut tun, wenn da jemand ist (wenn Sie da sind), der etwas von einem selber (noch) *mitbekommt*!

Das geht unmittelbar in den Bauch – dorthin, wo die Entscheidungen maßgeblich getroffen werden. Es fühlt sich gut an, wenn mir jemand seine Aufmerksamkeit schenkt.

Und nachdem sozusagen Tür und Tor geöffnet sind, kommt die offene Frage hinterher: »Was beschäftigt Sie?« Diese offene Frageform lässt den Kunden immer in ganzen Sätzen antworten. Diese offene Frage erhöht wesentlich Ihren Informationsstand einerseits und andererseits kommt Sie mit dem Kunden wieder in einen Dialog.

»Tja …«, werden Sie sagen, » … das funktioniert aber nur, wenn theoretisch alles gut läuft.« … Sie haben Recht! Wenn alles glatt läuft, sprich: Der Kunde tatsächlich auf eine offene Frage in ganzen Sätzen antwortet, dann haben Sie die Möglichkeit, wieder ins Gespräch zu kommen. … Und was ist zu tun, wenn der Kunde aber nicht auf diese offene Frage antwortet?
Versetzen Sie sich einmal bitte in die Situation in unserem Beispiel: Da sitzt oder steht die Kundin im Gespräch mit einem Verkäufer. Sie hat beschrieben, worum es ihr beim Einkauf von Stühlen geht. Der Verkäufer hat emotional den Kundennutzen beschrieben. Eigentlich ist alles klar! Jetzt aber stockt die Kundin. Vielleicht ist sie unsicher? Vielleicht noch aus irgendeinem Grund unentschlossen? … der Verkäufer fragt nach: »Frau Kundin, ich bekomme da gerade mit, dass Sie da etwas beschäftigt! … Was beschäftigt Sie?« … Und nun antwortet die Kundin nicht. Sie schaut leicht fragend den Verkäufer an. Vielleicht zieht sie noch die Schultern ein wenig hoch? … Vielleicht sagt Sie dann auch noch: »Nichts!«

Was ist zu tun? Na, was schon? … Sie schreiben den Auftrag! Was sonst?

Ein Paar fühlt sich zueinander hingezogen. Nach einigen Abenden der gemeinsamen Unternehmungen setzt der Mann seine Freundin mit seinem Wagen vor ihrer Haustüre ab und sagt: »Du, ich möchte noch mit zu Dir hoch kommen!« … Und jetzt denken Sie sich einmal, ähnlich der oben beschriebenen Situation im Verkaufsgespräch, dass seine Freundin still würde und selbst auf die Fragetechnik (»Liebes, ich bekomme da gerade mit, dass Dich da etwas beschäftigt! … Was beschäftigt Dich?«) lediglich die Antwort bekäme: »Nichts!« … Wonach fühlte sich das für Sie an? Oder was würden Sie einem Freund raten, der Ihnen eine solch erlebte Geschichte ratlos erzählte? …

Natürlich würden Sie ihm raten, bei seiner Freundin nunmehr aktiver zu werden und ein *»Ergebnis«* herbei zu führen. Analog zu diesem Beispiel bedeutet dies aber auch für uns im Verkauf, dass wir, sollte diese Fragestellung nicht zu beantworten sein, zum Abschluss kommen sollten. Denn wenn es *nichts* gibt, was beschäftigt, also auch keine Vorbehalte oder Ähnliches, dann spricht *nichts* mehr gegen ein Abschluss bzw. ein glückliches Ergebnis!

Stepp 7: Die Abschlussphase

Und schon wieder könnten wir es uns zu Beginn eines Kapitels leicht machen. Diese Phase sammelt lediglich die Ergebnisse der anderen Phasen auf und formt ein Ergebnis daraus. Oder anders: In dieser letzten Phase bekommen Sie sozusagen die Quittung. Hat alles gepasst, haben Sie alles vom Kunden integrieren können oder haben Sie übers Ziel hinaus geschossen?

Bei näherer Betrachtung fällt allerdings auf, dass es einige Verkäufer gibt, die ihre Arbeit solide machen. Sie sind fachlich und menschlich gut dabei, sie sind aufmerksam und argumentieren emotional – eigentlich bis hierhin alles perfekt – und dennoch trauen sie sich nicht, das Gespräch auf den Punkt zu bringen – abzuschließen.

Kennen Sie diese Situation?

Wenn man durch die Möbelhäuser als Beobachter geht, dann stehen da beispielsweise Kunden und Verkäufer vor einem Schrank. Der Kunde und der Verkäufer schauen wortlos den Schrank an. Niemand sagt etwas. … Wie es scheint, warten beide aufeinander, dass etwas passiert. … So schön kann der Schrank nicht sein, das beide wortlos bleiben, oder?

Der Verkäufer denkt: »Den habe ich bereits zwei Stunden lang bedient, klasse! – Hoffentlich sagt der Kunde nicht gleich: Nein!«

Der Kunde denkt: »Ich will nur das Beste für mein Geld! – Eigentlich ist der Schrank hier für mich viel zu teuer!«

Und nun stehen beide da: »Schöner Schrank, wirklich schön!« … »Gefällt er Ihnen? … Und schauen Sie einmal, das sind slow-Motion-Auszüge, und die Türkanten sind in abgerundeter Form gearbeitet …« Plötzlich schaut der Kunde unvermittelt auf die Uhr: »Oh, jetzt haben wir es aber schon spät. Wir haben noch einen Arzttermin … haben Sie noch einen Prospekt und eine Visitenkarte für uns? … Der Schrank ist wirklich schön!«

Der Kunde ist nach ewigen 10 Minuten Schrankstarren erlöst. Er hat sich selber erlöst. Das Gespräch ist zu Ende!

Was passiert ist, liegt auf der Hand, oder? Der Kunde wartet vergeblich auf die Initiative des Verkäufers. Der Kunde wird zunehmend unsicher: »Was habe ich an welcher Stelle übersehen? Hier stimmt doch etwas nicht! Wenn alles in Ordnung wäre, dann hätte sicher der Verkäufer mir diesen schönen Schrank angeboten. Glaubt er eigentlich, dass ich mir diesen Schrank nicht leisten kann? …«

Der Verkäufer muss die Initiative ergreifen, denn …

Ein Verkäufer, der den Kunden nicht nach dem Auftrag fragt,
beleidigt den Kunden!

Es gibt eine sehr schöne Frageform, die perfekt in diese Abschlussphase passt, die positive Alternativfragetechnik. Ein großartiger Kollege, den ich sehr schätze, nennt die Frage genauer noch die **»so-JA-oder-die-so-JA-Frage«**.

»Herr Kunde, wollen Sie kaufen oder kaufen?« ... Wenn Sie genau hinschauen, dann entdecken Sie, dass beide angebotenen Alternativen immer *positiv* sind. Ja oder Ja! Nicht etwa: »Liebling, darf ich Dich küssen, Ja oder Nein?« – sondern vielmehr: »Liebes, wohin darf ich Dich küssen?« oder: »Darf ich Dich jetzt küssen, oder lieber erst gleich?« Die positive Entscheidung wird stillschweigend bereits vorweg genommen.

Henry Ford wird zitiert mit folgender Aussage: »Bei mir kann der Kunde sein Auto in jeder Farbe kaufen – Hauptsache es ist schwarz!«

Das ist positive Alternativtechnik in Reinstform.

»Guten Tag Herr Kunde, möchten Sie diesen Sessel mit oder ohne Rollen?«, Sie bemerken, dass die möglichen Rollen an dem Sessel alternativ Ja-Nein gefragt werden, aber die Entscheidung zum Sessel selber wird bereits aus positiv entscheiden vorausgesetzt!
»Herr Kunde, möchten Sie diesen Schrank selber abholen oder sollen wir gegen einen geringen Aufpreis liefern?« ... »Frau Kundin, möchten Sie den Kleiderschrank mit dieser Wäscheeinteilung für 149 Euro, oder ohne?« ... »Herr Kunde, möchten Sie nun diese Vitrine mit der Glasbodenbeleuchtung für 50 Euro, oder ohne?«

Nicht: »Möchten Sie den Schrank kaufen, oder nicht?«, oder: »Möchten Sie den Kleiderschrank kaufen? Und wenn Ja, möchten Sie dann auch noch die Wäscheeinteilung?« ...

Der Unterschied hat sehr viel mit dem Selbstbewusstsein bzw. auch dem Selbstverständnis des Verkäufers zu tun.

Ein Verkäufer, der viel zu vorsichtig fragt, oder schlimmer noch gar nicht fragt, verunsichert immer den Kunden! Der vorsichtig Fragende macht sich klein und bedeutungslos. … »Liebling, darf ich küssen?« macht aus dem Fragenden eine infantile Persönlichkeit (Bitte verstehen Sie diese Passage richtig: Drängen Sie niemals Ihrem gegenüber Ihren Willen auf! Das ist für jede Beziehung ungesund!). Aber für die Gefragte wird der Fragende zu einem kleinen Jungen, der nicht zu wissen scheint, was er wirklich will. Und wenn er es schon nicht weiß, was er wirklich will, dann muss sie es für ihn nicht entscheiden müssen. Wenn er aber selbstbewusst auftritt und fragt: »Küssen, jetzt oder gleich?«, dann wird der Gefragten klar, dass er sich etwas wünscht und was er sich wünscht. Er fragt, weil er nett ist, noch einmal nach. Gibt aber selbstbewusst vor: Jetzt wird es Zeit!

155

Beim Kunden geschieht etwas Unbewusstes. Der Kunde spürt bei diesem Selbstbewusstsein, dass alles richtig sein *muss*. Das Produkt ist richtig, das Unternehmen, der Verkäufer, alles passt.

Und wenn es nicht passt, dann schauen wir nach, was wir verbessern können. Ist das Produkt so in Ordnung? Stimmen die Abmessungen? Ist der Preis richtig? Stimmt der Liefertermin?

Apropos Preis: Wie wichtig ist der Preis eigentlich im Verkaufsgespräch? Die meisten Verkäufer glauben immer noch, dass der Preis das wichtigste sei. Glauben Sie das auch?

Der Kunde kann heute nahezu in jedem Möbelhaus der Nation an den Produkten die jeweiligen Preisinformationen ablesen. Braucht er Sie da noch, um einen Preis zu erfahren? … In diesem Konzept ist der Preis nicht entscheidend, denn erinnern Sie sich, das haben wir bereits zu Beginn des Gespräches mit dem Kunden im Stepp 3 *geklärt*. Der Kunde weiß, bevor Sie weiter ins Verkaufsgespräch einsteigen, dass dieses interessierte Produkt seinen Preis hat!

Je intensiver wir den Nerv des Kunden
bzw. die Idee des Kunden zu seinem Produkt treffen,
desto unwichtiger wird der Preis!

Prinzipiell gilt, dass kein Preis für sich alleine stehen darf. »Herr Verkäufer, was kostet mich denn dieser Schrank mit der Wäscheeinteilung?« ... »Frau Kundin, dieser Schrank kostet 3895 Euro.«

Was kostet 3895 Euro? Merken Sie etwas? Dieser Schrank ist und bleibt zu teuer, weil der Preis nackt und ohne Kleidsames da steht. 3895 Euro.

»Herr Verkäufer, was kostet mich denn dieser Schrank mit der Wäscheeinteilung?« ... »Frau Kundin, dieser achttürige Schrank mit zwei Spiegeltüren kostet 3895 Euro, die separate Wäscheeinteilung ist mit enthalten und die Türkanten sind allesamt abgerundet. Das sieht wunderschön aus und verleiht dem Schrank zusätzlich ein harmonischeres Outfit.«

Na? Dieser so präsentierte Schrank ist eindeutig mehr wert, höherwertiger, als in der ersten Preispräsentation. Diese Preisnennung funktioniert nicht mit Standardargumenten, sondern immer nur mit den für den Kunden wichtigsten Vorteilen aus der Bedarfsanalyse (in unserem konstruierten Fall: der Achttürer, die Spiegeltüren, die Wäscheeinteilung und die gerundeten Türkanten) zu diesem Produkt.

Die Finanzierungsfrage und der richtige Zeitpunkt

Der große Vorteil eines Finanzierungsgespräches ist es, dass in einem solchen Gespräch die unleidige Diskussion mit den Rabatten aufhört und stattdessen nur noch der monatliche Betrag, der zu leisten ist, das Bestimmende wird.

Selbst die Diskussion mit den Zinssätzen spielt eine lediglich untergeordnete Rolle! »Herr Kunde, dieser Finanzierungsbetrag wird mit einem Nominalzinssatz in Höhe von 8% verrechnet!« ... Welcher Kunde weiß nun, was es kostet? Niemand. Selbst ein Banker wird den sich ergebenden Rückzahlungsbetrag nicht so einfach errechnen können. Und außerdem: Was ist ein Nominalzinssatz? ... Ganz ehrlich: Ich wusste es vor der Recherche zu diesem Buch auch nicht! (Zur Info: Das ist der eigentliche Netto-Zinssatz. In diesem Zinssatz sind noch nicht die Gebühren bzw. sonstige Nebenkosten enthalten. Folglich sagt dieser Zinssatz so gut wie gar nichts über die tatsächlichen Kosten aus! Es gibt tatsächlich Banken, die mit diesem Nominalzinssatz werben. Unglaublich, oder?)

»Herr Kunde, diese Küche können Sie mit einem effektiven Zinssatz von 10% finanzieren!« (Der effektive Zinssatz beschreibt alle Kosten als prozentualen Anteil zur eigentlichen Kauf- bzw. Finanzierungssumme. Das macht die Sache bereits schon übersichtlicher.) Jetzt denken Sie sich einmal, dass ein Kunde eine Summe von 10.000 Euro finanzieren möchte. Wie viel Zinsen wird er bei einer 10%-tigen Verzinsung zahlen müssen? Glauben Sie an 10%, also 1.000 Euro? ... Durch die Zins- und Zinsesrechnung ergibt sich ein Betrag, der etwa nur die Hälfte ausmacht.

Merken Sie, wie unwichtig auch diese Verzinsung wird. Ob Sie nun bei einer monatlichen Rate von 200 oder 205 Euro sind, ist doch angesichts der Möglichkeit einer sofortigen Verfügbarkeit einer gewünschten Traumküche oder was auch immer, nicht wirklich entscheidend. Im Gegenteil, das ist es mir als Kunde wert, wenn ich nicht warten, sondern bereits genießen darf! Eine Marktstudie aus 2006 besagt: »Das stärkste Argument beim Kunden, eine Finanzierung einzugehen, ist die heutige (sofortige) Nutzung der (ihres) hochwertigen Produkte(s) sowie die Erhaltung der Liquidität für die Lebenshaltung!«

Wie groß ist unser Potential an finanzierungsbereiten Kunden?

In den unterschiedlichsten Regionen habe ich zur Vorbereitung auf dieses Kapitel einfach bei den Verkäufern in verschiedenen Möbelhäusern nach deren Einschätzung zum Finanzierungsbedarf beim eigenen Kundenklientel nachgefragt.

Und siehe da, interessanterweise ähneln sich auffällig die Ergebnisse, die Sie auf der nächsten Seite in der Grafik zusammengefasst sehen.

Was mittelweile enorm ist, ist die Tatsache, dass die *konservativen Kunden* auf lediglich 15% geschrumpft sind. Mit *konservativen Kunden* sind die Kunden umschrieben, die aus Macht der Gewohnheit, alten Wertvorstellungen und Tradition dem Thema der Finanzierung von Einkäufen

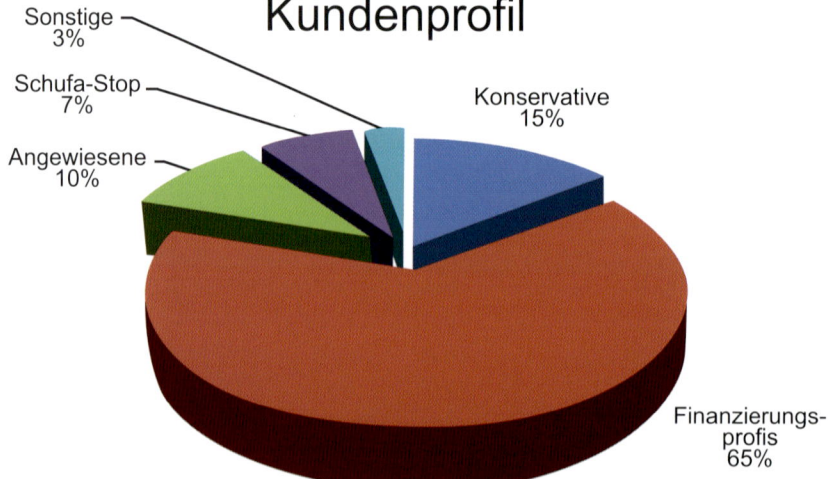

eher noch zurückhaltend gegenüber stehen. Auch in meiner Kinderstube wurde uns noch eingebläut, immer nur von dem Geld, was man hat, etwas ausgeben zu können. Persönlich glaube ich nicht, dass diese Gruppe sich starr verweigert, aber es braucht noch etwas Zeit. Auch in dieser Gruppe ist (vereinfacht gesagt) zu 94% jedes neu zugelassene Auto mittlerweile finanziert! Wer hätte das noch vor 20 Jahren gedacht?

In der zweiten Gruppe, man höre (lese) und staune, werden mit 65 % aller Kunden die *Finanzierungsprofis* angegeben. Die Finanzierungsprofis sind die Kunden, die zum einen sehr aufgeschlossen gegenüber einer Ratenzahlung und zum anderen auch erfahren sind. Diese Kunden habe gute bis sehr gute Erfahrungen mit dem Finanzkauf gemacht. Sie finden es sehr praktisch, es macht den Einkauf leichter und es ist mittlerweile so einfach, wie mit der Kreditkarte an der nächsten Tankstelle zu tanken.

Die nächste Gruppe ist noch interessant: Die Gruppe der auf die Finanzierung *Angewiesenen*. Die Gruppenstärke macht etwa 10% aus. Per Definition sind das Kunden, die nur dann jetzt einkaufen können, wenn auch eine Finanzierung bzw. ein Ratenkauf mit angeboten wird.

Mit *Sonstige* sind eher indifferente Kunden umschrieben. Solche Kunden haben eher keine wirkliche Meinung dazu. Es interessiert nicht.

Und die *Schufa-Stop*-Kunden sind solche, die augenblicklich nicht mehr positiv bewertet werden können. Das können Kunden sein, die es mit dem Geld anderer etwas zu leicht genommen haben; es können Kunden sein, die unverschuldet oder verschuldet in die Schieflage geraten sind. Das gibt die Schufa-Auskunft nicht her. Die allermeisten Kunden, die bei der Schufa negativ registriert sind, wissen dies bereits im Vorfeld und winken meist schon bei der Erwähnung von Kreditangeboten dankend ab.

159 —

Wenn Sie die Gruppen der Finanzierungsprofis und der Angewiesenen zusammenfassen, und wenn Sie dann noch einige Kunden vom konservativen Lager hinzunehmen, dann kommen Sie auf einen Kundenanteil von ca. 75 %, die Bedarf und Interesse an einer möglichen Finanzierung in Ihrem Hause haben.

Mit anderen Worten:

> Beinahe 3 von 4 Kunden, der Ihr Haus betreten,
> sind Kunden, die gegenüber Finanzierungen
> aufgeschlossen und bereitwillig sind.

Vielleicht wenden Sie jetzt ein, dass dann doch der Kunde viel öfters nach Finanzierung im Kaufhaus fragen müsse. Und dies obwohl in den meisten Handelshäusern mittlerweile Werbeaufsteller und Hinweisschilder auf die Möglichkeit der Finanzierung hinweisen.
Bezeichnenderweise nennt man diese Aufsteller und Hinweisschilder auch die *stillen Verkäufer*! Interessant, nicht wahr? (Um es vorweg zu sagen, dass ist eindeutig eine Sprachverwirrung! Ich nenne die Aufsteller und Hinweise schlicht: *stille Werbung*, nicht mehr und nicht weniger. *Verkäufer* sind es nicht! … Und *stille* Verkäufer kann es nicht geben. Das ist ein Paradoxon.)

Beobachten Sie uns deutsche Kunden, so sind wir sehr viel mehr zurückhaltender mit unserem Geld, bzw. mit unserem Geld, welches wir nicht zur Verfügung haben, als andere europäische Nationalitäten. Das muss weder ein Vor- noch ein Nachteil sein. Interessant ist nur, dass der deutsche Verbraucher aktiv nicht nachfragen will! Selbst der Kunde aus der Gruppe der Finanzierungsprofis möchte nicht fragen müssen.

**Wir Verkäufer sprechen immer den Kunden
auf eine mögliche Finanzierung an!**

Dies bedeutet für unsere kleinere Kundenanalyse, dass 75 % der Kunden aktiv (durch uns) auf ein Finanzierungsangebot angesprochen werden will. Wenn wir den Kunden nicht ansprechen, dann sprechen andere (geschicktere) Verkäufer den Kunden an. Und was schreiben die anderen dann? – Den Auftrag. Wir nichts.

Wann wird die Finanzierungsoption in das Gespräch eingebaut?

Wie beinahe in allen Lebenssituationen ist es immer eine Frage des richtigen Zeitpunktes, so auch hier! Den Hinweis, das Angebot einer Finanzierung ist nicht ganz unheikel. Denken Sie sich beispielsweise in einem Gespräch folgende Situation: Der Kunde kommt interessiert in Ihr Geschäft. Durch ein tolles Klima, beste Sympathie und den richtigen Kundennutzen steigern Sie das Interesse des Kunden immer weiter. Der Kunde fragt Sie schließlich nach dem Preis. Sie nennen den Preis und verpacken ihn sogar in die Kundennutzenargumentation hinein. … Der Kunde wird still, denkt nach. Und nun würden Sie dem Kunden sozusagen hinterher schieben, dass er auch in Ihrem Hause finanzieren kann. Wie würde der Kunde reagieren?
Sehr wahrscheinlich hätte der Kunde kein gutes Gefühl mehr, weil er annehmen muss, dass Sie ihm den Kauf nicht mehr zutrauen würden. Denn Sie sind ja erst *nach* der Preispräsentation auf das Finanzierungsangebot eingegangen. Der Kunde muss glauben, dass dieses nachträgliche Angebot etwas mit ihm und seiner Reaktion zu tun haben *muss*! … Mindestens

verunsichert es den Kunden, und das ist zu diesem Zeitpunkt weder sinnvoll noch erwünscht.

Der Kunde kommt in Ihr Haus und bringt ein bereits vorhandenes Interesse am Einkauf mit. Und in dem Verkaufsgespräch ist es Ihnen möglich, das Interesse immer größer anwachsen zu lassen.

**Denn je größer das Interesse wird,
desto leichter haben Sie es mit der Preispräsentation!**

Es ist für jeden einleuchtend, wenn ich fordere, den Preis erst beim größtmöglichen Interesse dem Kunden zu präsentieren.
Sollte die Budgetfrage nicht ausreichend geklärt gewesen sein, dann kann es Ihnen sogar passieren, dass nach der Nennung des Preises das Interesse dramatisch in den Keller sackt (nach der Nennung fällt die Kurve (in rot) auf den Nullpunkt). … Sie glauben doch jetzt auch nicht, dass hier ein Angebot zu einer Finanzierung wirklich helfen würde, oder?

Genau der unmittelbare Zeitpunkt vor der Preispräsentation ist auch der beste Zeitpunkt, um die Finanzierungsfrage bzw. das Angebot zur Finanzierung zu formulieren! Aber immer unmittelbar vor der Preisnennung – niemals hinterher! Hinterher bedeutet hier im Wortsinne hinterher laufen. Das wirkt destruktiv auf das vorher aufgebaute Kaufinteresse. Ein zu früher Hinweis auf den Finanzkauf macht ebenfalls keinen Sinn, weil der Kunde noch nicht realisiert, was er von einem solchen Angebot hat, denn er hat ja noch gar nicht das passende Produkt gefunden!

In unserer kleinen Grafik sehen Sie, dass es nach geschickter Platzierung der Finanzierung ins Verkaufsgespräch mit dem Interesse (rot) weiter geht. Hier winkt Zusatzgeschäft!

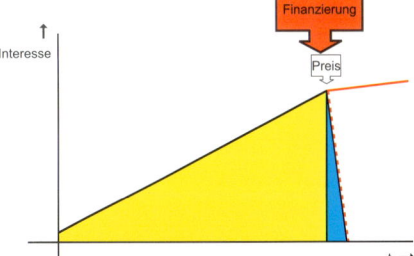

Wie formulieren wir ganz selbstverständlich unseren Service?

Nachdem wir nun erkennen konnten, dass 3 von 4 Kunden auf unsere Ansprache warten, und wir ebenfalls den richtigen Zeitpunkt der Ansprache herausgearbeitet haben, gilt es nur noch zu klären, wie wir den Kunden bestmöglich ansprechen.

Denkbar schlecht ist folgende Variante: »Herr Kunde, bevor ich jetzt den Preis herauslasse, muss ich Ihnen auch noch sagen, dass Sie diesen Schrank hier auch *finanzieren* können. Unser Haus vermittelt Ihnen einen *Kredit*, und Sie zahlen dann in *Raten* diesen Schrank über eine Laufzeit von 36 Monaten ab. Vorausgesetzt ist allerdings, dass die *Bonitätsprüfung* bei der *Schufa* positiv durch geht!«

Im Prinzip hat der Verkäufer ja alles richtig gemacht. Aber nur im rein sachlichen Prinzip. Aber schon die Wortwahl ist wenig sensibel, weil jedem bekannt ist, dass *Finanzierung, Kredit, Ratenzahlung, Bonitätsprüfung* und *Schufa* durchweg negativ besetzt sind. Die meisten Kunden *müssen* nicht finanzieren! Für einen Kaufmann, Steuerberater oder Banker sind diese Begriffe an der Tagesordnung. Die meisten Kunden allerdings empfinden kein wirkliches Vergnügen bei Bonitätsprüfungen, schon weil es den eigenen Status – genauer gesagt: den eigenen *Namen* – infrage stellt. (Kennen Sie in diesem Zusammenhang noch den Werbeslogan: »Bezahlen Sie doch einfach mit Ihrem guten Namen!«?)

Führen Sie es stattdessen doch einfach und schlicht auf das zurück, was es Ihrem Hause bedeutet, das Warenfinanzierunggeschäft zu betreiben: Sie möchten dem Kunden einen neuen Service bieten.

Mit anderen Worten: Ihr Geschäft ist es, den Kunden mit dem richtigen Produkt glücklich zu machen. Sie sind keine Finanzdienstleister. Das Warenf inanzierungsgeschäft ist für Sie nur ein Mittel zum Zweck: Nämlich dass der Kunde begeistert ist und bei Ihnen einkaufen kann. Nach Möglichkeit soll es immer ein Scheibchen (die alte Metzgers-Frage) mehr sein, oder?

Das Interesse des Kunden steigt und steigt. Jetzt will er endlich seinen Preis wissen und fragt: »Herr Verkäufer, was kostet mich die Küche bei Ihnen?«

Achten Sie darauf: *Jetzt* ist der perfekte Zeitpunkt für das Angebot zu einer Finanzierung gekommen!

»Herr Kunde, bevor wir zum Preis kommen – stellen Sie sich vor, es gibt jetzt einen neuen Service in unserem Haus. Wir bieten ab sofort unseren Kunden an, dass sie sich den monatlichen Wunschbetrag zum Kauf Ihrer Möbel aussuchen können. … Was halten Sie davon?«

163 —

Oder: »**Herr Kunde, bevor wir zum Preis kommen – stellen Sie sich vor, Sie können jetzt entscheiden, wie viel sie monatlich für diese Sitzgruppe investieren möchten! … Und Sie glauben gar nicht, wie viele unserer Kunden diesen Service bereits nutzen.**«

In diesen Offerten gibt es keine Reizwörter! Der Kunde kann sich nun ohne Druck oder ohne sich bloßgestellt zu fühlen, diesem Thema nähern.

Vielleicht kontert ein Kunde: »Sie wollen mir doch wohl keinen Kredit verkaufen, oder?« Bleiben Sie ganz gelassen, und sagen Sie: »Nein, das möchte ich nicht! … Herr Kunde Sie haben Recht, wir sind ein Möbelhaus und keine Bank. … Übrigens, ich hatte gestern Abend – ach was sage ich: vorgestern Abend einen Herren im Gespräch. Ich nehme an, das war ein Finanzexperte. Und der erklärte mir, dass eine Zu-Null-Finanzierung, wie wir sie hier anbieten, keine Finanzierung im klassischen Sinne sei – weil es keine Verzinsung für den Kunden gibt! … Da hat er Recht! Was meinen Sie dazu?«

Jetzt können wir das Gespräch lustig weiter fortsetzen. Worum es geht, ist der Umstand, dass Sie es bitte immer als Service Ihres Hauses darstellen möchten. »Mein Chef (besser noch der Seniorchef) sagt immer: Nur ein glücklicher Kunde, der unser Haus wieder verlässt, ist ein guter Kunde! … Wissen Sie Herr Kunde, dafür machen wir fast alles!«

Dass Sie Ihrem Kunden einen *monatlichen Wunschbetrag* statt einer Ratenzahlung anbieten, klingt doch verlockender, oder? »Herr Kunde, diese Sitzgruppe ist wunderschön. Der Bezug ist nahezu unverwüstlich. An dieser Gruppe werden Sie die nächsten 15 – 20 Jahre Freude haben. … Stellen Sie sich vor, Sie können sich jetzt aussuchen, was Sie im Monat für diese Möbel ausgeben möchten. Angenommen: Wäre 100 Euro monatlich vertretbar? Möchten Sie lieber 80 oder 120 Euro ausgeben (Alternativtechnik!)?«

Sie unterstreichen die Attraktivität Ihres Angebotes mit dem Hinweis darauf, dass es bereits immer mehr Ihrer Kunden nutzen. Das ist psychologisch immer sinnvoll, weil erstens niemand der Erste im Feldversuch neuer Dienstleistungen sein möchte, und zweitens weil sich erfolgreiche (gut nachgefragte) Konzepte gut anfühlen und Hemmnissen entgegenwirken. Das was gut ist, setzt sich durch! Und wenn viele andere es gut finden, dann kann es grundsätzlich nicht schlecht sein.

Ganz zum Schluss dieses kleinen Kapitels möchte ich Sie noch auffordern, Ihre eigene Einstellung zur Finanzierung zu überprüfen. Sie können und dürfen Ihre eigene Meinung zu diesem Angebot haben. Was Ihnen allerdings klar sein muss, ist die Tatsache, dass man nur das anbieten und verkaufen kann, wovon man selber überzeugt ist. … Also für den Fall, dass Sie noch kritisch das Finanzierungsgeschäft beäugen sei Ihnen empfohlen, lernen Sie dazu und beobachten Sie den Markt genau!

Sie werden feststellen, dass das Warenfinanzierungsgeschäft uns im Einzelhandel die nächsten Jahrzehnte begleiten wird. Es ist hundert mal intelligenter, als die ganzen Rabattdiskussionen der letzten Jahre! … Und es gibt immer mehr Einzelhandelshäuser, wie Möbelhäuser und Elektrofachmärkte, in denen die Ware (identisch dem Autohändler am Ort) mit einem monatlichen Teilzahlungspreis ausgezeichnet ist.

Heute bekäme der Autohandel nahezu kein einziges Auto mehr verkauft, wenn er nicht das Finanzierungsgeschäft beherrschen würde! … Der Kunde kauft immer – hoffentlich darf er es bei Ihnen!

Stepp 8: Einwandbehandlung - Die inhaltliche Selbstkontrolle

Auf den allerersten Blick wirkt der Einwand des Kunden wie ein Widerspruch zu der gemachten Offerte. Und es gibt tatsächlich Verkäufer, die sich irritiert zeigen, wenn es der Kunde wirklich *wagen* sollte, zu *widersprechen*. Sie empfinden es nicht nur als Infragestellung des vorgestellten Konzeptes – sondern vielmehr der eigenen Person.

Aber was machen wir uns selber vor? Es gibt tatsächlich keinen Verkaufsabschluss ohne die Lösung von vorherigen Einwänden. Im Umkehrschluss können wir sagen, dass ein Verkaufsgespräch ohne Einwände wahrscheinlich keines ist!

Keine Einwände mehr bedeutet entweder der direkte Verkaufsabschluss oder keine Interesse mehr!

»Ich verstehe Sie!«

Das Erste und Wichtigste in der Phase der Einwandbehandlung ist *immer*, dass wir *aktiv* den Kunden verstehen können – und das können wir wirklich immer! *Aktiv* verstehen bedeutet hier, dass wir dem Kunden unser Verständnis aussprechen. Nicken alleine reicht nicht aus! „Ich verstehe Sie!"

»Herr Kunde, ich *verstehe* Ihre Gedanken …« Oder: »Frau Kundin, Sie haben Recht, ich verstehe Sie. Das ist keine Entscheidung die man spontan einfach so treffen sollte …«

Wichtig ist in jedem Falle, dass der Kunde hören und spüren darf, dass wir an seinen Gedanken Anteil nehmen. »Herr Kunde, *ich verstehe Sie!*« … Wenn Sie genau hinschauen, dann wird Ihnen auffallen, dass Sie eigentlich wirklich alles verstehen können, oder? Ich als Verkäufer kann doch *verstehen*, dass der Kunde *noch* unsicher ist. Ich kann doch *verstehen*, dass dem Kunden die spontane Entscheidung als viel zu schnell vorkommen kann. … Hilft es dann, ihn, den Kunden noch mehr zu verunsichern oder noch viel intensiver auf die Schnelligkeit einer Entscheidung zu pochen – Druck zu machen?

Kein Kunde möchte ein Depp sein. Kein Kunde möchte das Gefühl haben, mit seinen Gedanken es unnötig zu verkomplizieren. Unsere Kunden möchten Respekt erfahren. Auch dann, wenn es uns erst einmal offensichtlich nicht passt. Und glauben Sie, Ihr Kunde beobachtet Sie genau, *wie* Sie auf seinen Einwand hin reagieren! Er registriert Ihre Geduld und empfindet sie als angenehm. Eine mögliche Ungeduld macht die Situation für ihn unerträglich.

»Ich verstehe Sie!« – bedeutet in unserem Fall *kein* Eingeständnis oder Zugeständnis in einer Sache bzw. ein Nachgeben von für Sie wichtigen Positionen. Vielmehr geht es um Ihr Gegenüber. Ihr Kunde reklamiert, dass diese Entscheidung ihm heute nicht möglich ist. Es ginge ihm zu schnell. Dann sagen Sie ja nicht: »Stimmt, das geht hier alles viel zu schnell!« – sondern: »Herr Kunde, ich verstehe Sie. Die Entscheidung muss wohl überlegt sein. Schließlich möchten Sie die nächsten 10 Jahre die neue Küche in vollen Zügen genießen können …«

»Herr Verkäufer, ich kaufe nie im ersten Möbelhaus ein. Ich muss unbedingt ihr Angebot vergleichen!« Auch diesen Einwand können Sie verstehen, auch wenn er Ihnen nicht passt: »Herr Kunde, das verstehe ich sehr gut! Wenn ich Sie wäre, würde ich das genauso handhaben. … Was wäre, wenn ich Ihnen heute eine Preisgarantie aussprechen würde? … Sie bekommen von mir den besten Preis. Sollten Sie in den nächsten 14 Tagen dieses Produkt woanders noch günstiger sehen, dann erstatten wir Ihnen selbstverständlich den Differenzbetrag. … Was halten Sie davon?«

»Frau Kundin, möchten Sie diesen Schrank lieber selber abholen, oder sollen wir den Schrank gegen einen geringen Aufpreis liefern?« … »Nein, wir möchten dies noch einmal überschlafen!« … „Selbstverständlich Frau Müller, das kann ich gut *verstehen*. So einen Schrank kauft man nicht so einfach, wie ein Paar Socken. … Wo haben Sie noch Bedenken? Ich kann jetzt all Ihre Fragen beantworten.« …

Die inhaltliche Selbstkontrolle

Der Inhalt Ihres Verkaufsgespräches ist selbstverständlich *das Produkt* des Kunden bzw. *seine dazugehörige Idee* zu diesem Produkt. Mit der inhaltlichen Selbstkontrolle ist gemeint, dass wir, sofern der erste Einwand (immer unerwartet!) kommt, wir zu überprüfen haben, ob wir das richtige *Produkt* (Idee) zum *richtigen Preis* (Budget) mit den *richtigen Maßen* zum gewünschten *Liefertermin* meinen? … Wenn es ideal läuft, dann wird daraus eine Ja-Straße. Und wenn es nicht ideal läuft, dann wissen wir, wo wir nachzubessern haben. Ist doch klasse, oder?

»Herr Kunde, Sie benötigen einen 8-türigen Schrank mit einer eigenen Einteilung für Ihre Motorradsachen?« … »Sie möchten nicht mehr als 4000 Euro für diesen Schrank ausgeben?« … »Die Höhe von 2,30 m und Breite von 5,50 m ist auch so in Ordnung?« … »Diesen Schrank können wir voraussichtlich in der Kalenderwoche XY liefern. Ist das so für Sie okay?«

Diese »Vorstufe« zur weiteren Einwandbehandlung ist enorm wichtig, auch schon weil sie klären hilft, ob es sich um einen Vorwand oder Einwand handeln wird. Sollte beispielsweise einer der inhaltlichen Aspekte nicht mit „Ja" beantwortet werden können, so ist für jeden einleuchtend, dass eine *weitere* Einwandbehandlung keinen Sinn ergibt. Erst haben wir für das richtige Produkt zum richtigen Preis mit den richtigen Maßen zum gewünschten Termin zu sorgen!

Erst wenn wir bei der inhaltlichen Kontrolle alle Aspekte mit einem „Ja" uns haben beantworten lassen, können wir weiter auf die Suche nach den eigentlichen Hintergründen möglicher Einwände gehen.

Und wenn Sie bei dieser inhaltlichen Kontrolle mehr als ein »Nein« erhalten sollten, so handelt es sich mit großer Wahrscheinlichkeit nicht um einen Einwand, sondern um einen Vorwand. … Und das Besondere bei Vorwänden ist es, dass Sie ihn nicht direkt auflösen können. Da hilft keine Diskussion oder Argumentation.

Stepp 9: Einwandbehandlung – Der Suggestiv-Joker

Wer behaupten wollte, es gäbe *eine* Einwandbehandlungsstrategie, die immer im ersten Schritt bzw. spontan helfe, der war nie in der Verkaufspraxis. Nicht etwa, dass die inhaltliche Selbstkontrolle und das Verstehen nicht helfen würden, aber in aller Regel benötigen wir noch mehr *Rüstzeug*.

Bevor wir diese weitere Stufe der Einwandbehandlung *zünden*, sollten wir genauestens *wissen*, dass wir uns gegenseitig sympathisch sind! Wenn uns nicht klar ist, wie unsere sympathische Beziehung zum Kunden ist, sollten wir diesen Joker nicht »ausspielen«. Bei Unsicherheiten sollten wir lieber erst noch die sympathische Selbstkontrolle (nächstes Kapitel) durchführen.

»Frau Kundin, möchten Sie diesen Schrank lieber selber abholen, oder sollen wir den Schrank gegen einen geringen Aufpreis liefern?« … »Nein, wir möchten dies noch einmal überschlafen!« … „Selbstverständlich Frau Müller, das kann ich gut *verstehen*. So einen Schrank kauft man nicht so einfach, wie ein Paar Socken. … Wo haben Sie noch Bedenken? Ich kann jetzt all Ihre Fragen beantworten.« … »Eigentlich kaufe ich nie beim ersten Mal. Ich muss meine Entscheidung noch einmal überdenken!« …

… »Verstehe ich sehr gut. Meine Frau entscheidet sich auch nie so schnell. Das muss schon gut durchdacht sein. … **Frau Kundin, der Schrank sollte doch bis zum … bei Ihnen sein. … Und der Preis von 2998 Euro ist doch auch in Ordnung? … Und die Größe von 3 Meter 50 passt auch, oder? … Was kann ich denn jetzt für Sie tun, das wir uns heute noch einigen können?«**

Sie erkennen sofort, dass schon wieder ein *Verstehen* voran geschickt wird. Das ist wirklich professionell! Im Gegensatz zur *inhaltlichen Selbstkontrolle* wird nunmehr die Kundin nicht mehr gefragt, *ob* das Produkt und der Liefertermin passt, *ob* der Preis oder die Abmessungen passen – bei der Suggestiv-Joker-Technik wird prinzipiell das Einverständnis vorweg genommen und vorausgesetzt! (Da wir eben noch inhaltlich alles kontrolliert haben, gehen wir hier auch keinerlei Risiko ein!)

Die Suggestion wirkt nur in Verbindung mit der bestehenden Sympathie! Der gleiche Dialog bei sich unsympathischen Menschen wirkt eher grausam und schafft Distanzen.

Ein Verstehen vorweg, und jetzt kommen die vorher inhaltlich überprüften Fakten: Termin? – okay; Preisvorstellung (Budget)? – okay; Maße? – okay. Und nun in dieser positiven Stimmung, die Sympathie ist vorhanden, das Produkt okay, jetzt die offene Frage: Was kann ich jetzt (persönlich) für Sie tun?"

Aber Achtung:

Dieser Joker ist nur etwas für erfahrene Verkäufer!
Diese Technik in den Händen von Anfängern wirkt nicht *günstig*.

Der Suggestiv-Joker ist ein Muss für Führungskräfte!

Wenn die Sympathiephase nicht vollständig passt, dann funktioniert dieser Suggestiv-Joker nicht! Mit Suggestion zu arbeiten erfordert Ihre ganze Aufmerksamkeit. Sie sollten Nuancen der Reaktionen Ihrer Kunden wahrnehmen und richtig dechiffrieren können. Sonst macht es keinen Sinn.

Mit anderen Worten: Denken Sie sich Ihr Gegenüber als *Freund*. Konnten Sie die ganze Zeit miteinander als Freunde kommunizieren? Wenn Ja, dann passt es wunderbar.

Und nochmals: Bei hochwertigen Produkten oder bei langandauernden Verhandlungen passt diese Methode (gekonnt eingesetzt) aller bestens. Bei billigen Produkten oder kurzen Gesprächen natürlich nicht!

Mit dieser liebevollen (weil die Sympathie stimmig ist!) Methode bringen Sie Ihren Kunden auf den Punkt. »Herr Kunde, schau einmal: Alles ist in Ordnung. Deine Vorstellung stimmt, der Preis ist auch okay. Der Zeitpunkt der Lieferung ist besprochen und die Maße stimmen. Alles ist gut. … Wenn aber alles gut ist, dann sollten wir uns jetzt einen Ruck geben und den Auftrag schreiben.«

Stepp 10: Einwandbehandlung – Die Selbstkontrolle Sympathie

Der erste wichtige Schritt in Sachen Einwandbehandlung ist die Kontrolle der inhaltlichen Voraussetzungen unseres Verkaufsgespräches. Dies haben wir in Stepp 8 besprochen bzw. Sie im Gespräch überprüft. Ist also das richtige *Produkt* (Idee) zum *richtigen Preis* (Budget) mit den *richtigen Maßen* zum gewünschten *Liefertermin* besprochen?

Den nächsten Schritt in Sachen erfolgreicher Einwandbehandlung ist die Sache mit dem: »Ich verstehe Sie!« – Auch das ist bereits besprochen. Vielleicht muss noch betont werden, dass wir auf keinen Fall unseren Kunden gegenüber das Wort »Einwand« auszusprechen haben: »Herr Kunde, ich verstehe Ihren Einwand!« – oder: »Ihren Einwand kann ich nachvollziehen!« … Mit einer solchen *einwandsbetonten* Formulierung rufen wir den *Einwand* erst Recht auf den Plan. Dies provoziert beim Kunden nicht nur die Verstärkung seines Einwands, sondern macht ihn auf eine Situation aufmerksam, die entweder an eine Auseinandersetzung erinnert, oder ihn zu weiteren Diskussionen einlädt. Ohne jetzt Wortspielereien zu betreiben, aber schauen Sie doch einmal selber hin, was in dem Wort *Auseinandersetzung* steckt: Da setzen sich zwei Menschen auseinander – weg von einander! Das wollen wir nicht!

Statt eines *Einwandes* gibt es immer *gute Ideen* des Kunden. Vielleicht nennen Sie diese Einwände auch *wichtige Hinweise*. Damit loben Sie auch noch den Kunden, und er fühlt sich wohl. Das Ungeschickteste wäre, dem Kunden zu signalisieren, dass sein *Gedanke* (sein Einwand) weder nachvollziehbar, sondern schlimmer noch, stattdessen sogar irritierend und unpassend sei. … Besser also immer: »Herr Kunde, gut, dass Sie darauf aufmerksam machen. Ihren Gedankengang finde ich sehr aufmerksam. Ich verstehe Sie sehr gut. … Was sollten wir …?«

Und nun sollte eigentlich der Suggestiv-Joker zum Einsatz kommen, aber Sie sind sich der *sympathischen Sache* mit dem Kunden nicht wirklich sicher. … Und genau für diesen Fall ist der nun folgende Schritt: Die sympathische Selbstkontrolle gedacht.

»Frau Kundin, möchten Sie diesen Schrank lieber selber abholen, oder sollen wir den Schrank gegen einen geringen Aufpreis liefern?« … »Nein, wir möchten dies noch einmal überschlafen!« … »Selbstverständlich Frau Müller, das kann ich gut *verstehen*. So einen Schrank kauft man nicht so einfach, wie ein Paar Socken. …

171

… Frau Kundin, übrigens … fahren Sie Langlauf oder fahren Sie Alpine-Ski? … Ich habe mir schon so oft vorgenommen, auch noch einmal auf die Piste zu gehen. Was würden Sie mir empfehlen? … Ich bin ja nicht mehr die Jüngste. …«

»Ach übrigens …« Kennen Sie noch den Inspektor Colombo? Dieser leicht wirr scheinenden Mann, der es nahezu immer geschafft hat, selbst bei denen, die er jagte, sympathisch zu bleiben. … Vielleicht sogar ein liebesvolles Schlitzohr?

Ganz zum Ende eines Gespräches setzt er noch einmal nach: »Ach übrigens, was ich noch fragen wollte …« Und genauso beinahe aus dem Zusammenhang gerissen formulieren wir eine Frage mit den Inhalten aus dem 2. Stepp, der emotionalen Freundschaftswerbung. Hier haben wir uns merken können, oder besser noch notiert, was die Kundin (der Kunde) ihrerseits (seinerseits) beiläufig erwähnt hatte. Dies sind ja bekanntermaßen genau die Themen, die die Kundin (oder der Kunde) thematisieren wollte! … Diese Nachfrage nunmehr soll den Kunden an die *emotionalen* Gemeinsamkeiten nochmals erinnern.

Uns im Verkauf gibt dieser Rückausflug in die *emotionale Freundschaftswerbung* ein gutes Feedback, ob wir mit dem Kunden sozusagen noch auf einer Welle funken. … Wenn wir ein überdeutliches *Ja* erhalten, wenn wir bemerken: Alles ist gut! – dann können wir von hieraus direkt in die Verwendung des Suggestiv-Jokers wechseln.

Für den Fall, dass wir uns dennoch nicht ganz so sicher sein können, *wie* wir mit unserer Kundin (oder Kunden) sympathisch verbunden sind, können wir mit folgender Variante nach dem Smalltalk abschließen:

» … Aber jetzt Frau Kundin möchte ich nicht weiter Ihre Zeit in Anspruch nehmen. … Meinen Sie nicht auch, Frau Kundin, dass wir heute noch zur Entscheidung und zur Tat schreiten sollten? … Dann kann ich Ihnen bis morgen den Liefertermin verbindlich bestätigen lassen! So können wir sicherstellen, dass zu Ihrem gewünschten Termin alles bestens ist.«

Nachdem Sie mit der Kundin (oder dem Kunden) erneut in der emotionalen Phase waren, ziehen Sie sich offensichtlich bescheiden zurück. …

Ganz wichtig aber auch an dieser Stelle: Es funktioniert nur dann, wenn es eine Sympathie gibt. Sollte es wider Erwarten keine Sympathie geben, kommen Sie so nicht wirklich weiter. Vielleicht wäre es hilfreich zu klären, was zwischen Ihnen steht, welche Vorbehalte es gibt?!

… Dieses weitere Nachfassen ist, wie Sie erkennen können, mit einem Kundennutzen präsentiert. »Sie liebe Kundin erhalten dann von mir eine verbindliche Terminzusage!« Und weiter: »Wir stellen sicher, dass alles für Sie bestens läuft!« Die Kundin darf erkennen, dass wir uns Mühe geben.

Weitere Einwandbehandlungen können sein:

»Frau Verkäuferin, ich muss erst noch einmal nachmessen!« … **»Selbstverständlich, gut, dass Sie darauf aufmerksam machen. … Wenn Sie einverstanden sind, notieren wir uns jetzt die bisher besprochenen Maße, und Sie bestätigen mir die Maße einfach morgen telefonisch. Was halten Sie davon?«**

»Ich kann mich heute nicht entscheiden!« … **»Das verstehe ich. Deshalb schlage ich vor, dass wir das heute Besprochene festhalten, damit ich Ihnen den Vorzugspreis heute noch sichern kann. … Und Sie bestätigen** mir einfach dann bitte bis Morgen telefonisch, ob der Auftrag so bestehen bleibt, wie wir heute besprochen haben.«

»Ich muss das noch einmal überschlafen!« … »**Das verstehe ich nur zu gut. Das geht mir auch immer so beim Einkaufen von wichtigen Dingen. Mein Mann (meine Frau) verdreht dabei immer die Augen, aber so bin ich eben! … Deshalb empfehle ich Ihnen heute den Widerrufsauftrag. Dann brauchen Sie nicht noch einmal ins Möbelhaus zu kommen. Das spart Zeit und Aufwand. … Und dann können Sie jetzt in der letzten Phase Ihres Hausbaus diese Entscheidung als nächste erledigte Aufgabe abhaken!«**

173 —

In diesem letzten Beispiel sehen Sie, dass wir selbst in die Einwandbehandlung noch Hinweise aus der emotionalen Freundschaftswerbung einbauen können. … Um aber eines am Ende der Einwandbehandlung zu betonen: Denken und Handeln Sie bitte nicht zu kompliziert!

Wenn die Sympathie *einigermaßen* steht, dann können Sie so viel nicht falsch machen. Das schlimmste wäre nur, gar nichts zu tun! Vielleicht lernen Sie lediglich zwei oder drei Varianten der Erwiderungen von Einwänden auswendig? Das macht Sie im Umgang mit den Formulierungen sicher.

Oberste Priorität bleibt immer: **Wir sind sympathisch!**

Und zweiter Grundsatz ist: Jeder Einwand des Kunden ist ein echtes Kaufinteresse! Gibt es keinen Einwand – gibt es keinen Verkauf!

In diesem Sinn trainieren Sie bitte fleißig.

Die allerwenigsten Menschen sind von Natur aus schlagfertig. Aber Schlagfertigkeit können Sie trainieren. Je mehr Sie an Varianten von Formulierungen üben, desto größer ist Ihr Fundus an guten Antwortmöglichkeiten.

Stepp 11: Verabschiedung ohne Reue

Eine Verabschiedung eines Kunden, den Sie haben erfolgreich bedienen können, ist keine Kunst und muss sicher nicht besprochen oder geübt werden. Warum nicht? … Na weil wir uns freuen, wenn unser Kunde uns mit seinem Auftrag sozusagen belohnt hat.

Das Problem einer gekonnten Verabschiedung wird dann erst erkennbar, wenn es trotz aller Bemühungen eben nicht zum Auftrag kam. Der Kunde verweigert uns die Anerkennung, und wir können es noch nicht einmal wirklich verstehen. … Und dann noch freundlich und souverän bleiben?

»Ja!« – Möchte ich Ihnen zurufen. »Jetzt erst Recht!«

Denken Sie sich die folgende Situation. Ein Kunde hat noch Bedenken. Er traut sich noch nicht wirklich. Er muss in Ruhe tatsächlich noch einmal nachdenken. Es gibt so Menschen, die einfach nichts Spontanes entscheiden können! … Bei der Verabschiedung bekommt dieser Kunde mit, dass wir uns ärgern und enttäuscht sind. (Jetzt gibt es Verkäuferschulen, die empfehlen, noch mehr moralischen Druck dem Kunden zu bereiten. Kann das wirklich bei einem Kunden, der aus welcher Ängstlichkeit auch immer heraus zurückhaltend ist, hilfreich sein? Ich glaube nicht!)

Was muss der Kunde denken, wenn er mitbekommt, dass Sie verärgert oder enttäuscht sind? Macht diese Art von Präsentation einen überzeugten, selbstbewussten und zuversichtlichen Eindruck?

Wenn doch das Angebot des Verkäufers, so denken unsere Kunden, wirklich klasse ist, dann müsste der Verkäufer doch wissen, dass ich zu ihm zurückkehren muss, oder? Mit anderen Worten: Sie erkennen schnell, dass eine emotionale Betroffenheit eher den Verdacht einer Unprofessionalität hinterlässt.

Ein Beispiel aus dem Alltäglichen. Stellen Sie sich einmal ein Paar vor. Die Frau will den Mann, oder der Mann will die Frau verlassen. Kann passieren. Meistens jedoch ist diese Entscheidung keine schwarz-weiße Entscheidung. Dies bedeutet, dass zwar der Wunsch nach Veränderung von Situationen im Raume steht, aber der gehende Partner oft genug nicht genau weiß, ob das Gehen selber die Lösung ist oder bringt.

Und nun sagt der eine Partner dem anderen: »Du, ich gehe!« Für beide sehr wahrscheinlich eine ganz schwierige Situation. Der, der geht, ist moralisch angreifbar und muss sich fragen lassen, warum gerade jetzt? Der, der bleibt, bekommt womöglich vor eigenem Kummer nicht mehr mit, wie viel Unsicherheiten auch der Gehende empfindet.

Eine oftmals *natürliche* Reaktion ist es nun, dass der Bleibende plötzlich seine emotionale Betroffenheit und seine Verwundung als moralische Keule gebraucht. Verständlich, aber nicht zielführend! Sollte das Ziel etwa sein, den anderen für sich zurück zu gewinnen, macht es keinen Sinn, sich klein und schwach zu präsentieren. Erlebt der Gehende den anderen in einer jämmerlichen Rolle, so wird dieser sich umso schneller distanzieren müssen. Es wird ihn in seiner Position bestärken, zu gehen.

Vielleicht halten Sie dieses Beispiel für überzogen, aber stellen Sie sich einmal vor, der Bleibende würde ganz anders reagieren: »Du Gehender, dass mich Deine Entscheidung nicht glücklich macht, kannst Du Dir vorstellen! … Gehst Du etwa zu einem anderen Mann (oder zu einer anderen Frau), dann kann ich Dich und die (den) Andere(n) nur beglückwünschen. Er (sie) hat Geschmack. Und ich weiß, worüber ich rede! … Schaue es Dir in Ruhe an, und bevor Du eine endgültige Entscheidung triffst, lasse uns noch einmal miteinander reden!«

Sie erkennen sofort, dass der Bleibende Größe und Würde bewahrt und zeigt. Das wird den Gehenden, der noch Unsicherheiten verspürt, nachdenklich stimmen. Dem Gehenden, der sich sicher ist, wird es nicht zwingend umstimmen können, aber mindestens behält der Bleibende erkennbar seine Würde.

Analog zu diesem Beispiel ist es für einen sehr guten Verkäufer immer ein Muss, sich in Würde zu verabschieden: »Frau Kundin, schade, ich hatte gehofft, wir hätten uns schon heute einige können. … Dass Sie jetzt noch in anderen Häusern die Preise vergleichen möchten, kann ich sogar gut verstehen. Das würde ich an Ihrer Stelle auch so tun! … Wenn Sie bitte genau prüfen möchten, inwieweit unser Preis- und Serviceangebot tatsächlich unvergleichlich gut ist. … Viele unserer Kunden prüfen unsere Angebote in anderen Möbelhäusern. Und die allermeisten kommen zu uns zurück! … Und manche nehmen die Abkürzung!« …

„Was für eine Abkürzung?« …

»Die lassen sich von mir (oder uns) eine Preisgarantie geben! Sollten Sie in den nächsten Wochen das gleiche Produkt zu einem günstigeren Preis angeboten bekommen, erstatten wir den Differenzbetrag ohne Wenn und Aber. … Und glaube Sie einmal, das würden wir nicht tun, wenn wir unserer Sache nicht sicher wären!«

Glauben Sie es ruhig, das macht nachdenklich. Kaum etwas ist anziehender, als jemand, der Selbstbewusstsein hat und lebt. Kunden kaufen nur von Siegertypen. … Niemals und nie trägt ein Siegertyp den Kopf unterm Arm!

Zu unserem sich trennenden Paar noch einmal zurück. Wenn Sie ganz gut drauf sind, dann zeigen Sie voller Selbstbewusstsein, dass Sie an sich immerzu und unverrückbar glauben: »Weißt Du was? Probiere es einfach aus! … Nimm Dir Zeit und unternehme mit der (dem) Neuen was nur geht. Fahrt in Urlaub und genießt die Phase der frischen Verliebtheit. … Übrigens, jetzt wo Du gerade auf der Suche nach neuen Erfahrungen bist, ich habe letzte Woche doch tatsächlich zwei voneinander unabhängige unmoralische Angebote erhalten. … Wenn Du probierst, dann probiere ich auch!«

Glauben Sie mir, die Kunst ist es immer, attraktiv zu bleiben!

In diesem Sinne wünsche ich Ihnen Ihren verdienten Erfolg,

Ihr Paul Reinhold Linn

Literaturverzeichnis

- Altmann, Hans Christian: Kunden kaufen nur von Siegern, München, verlag moderne industrie, 2002
- Ariely, Dan: Denken hilft zwar, nützt aber nichts, München, Droemer, Verlag, 2009
- Birkenbihl, Vera F.: Kommunikation für Könner, Landsberg am Lech, mvg-Verlag, 2000
- Enkelmann, Nikolaus: Das Power-Buch für mehr Erfolg, Landsberg am Lech, mvg-Verlag, 2001
- Goleman, Daniel: Emotionale Intelligenz, München, Hanser-Verlag, 1996
- Kast, Bas: Wie der Bauch dem Kopf beim Denken hilft, Frankfurt, Fischer Verlag, 2007
- Linn, Paul Reinhold: Der Verkaufstrainer, Bergisch Gladbach, Linn Seminare, 2007
- Linn, Paul Reinhold: Strategisch Möbel verkaufen II – Das GeniusKonzept®, Bergisch Gladbach, Linn Seminare, 2010
- Löhr, Jörg: So haben Sie Erfolg, München, Südwest-Verlag, 1999
- Roth, Gerhard: Fühlen, Denken, Handeln, Frankfurt am Main, Suhrkamp-Verlag, 2001
- Rückle/Stumber: Verkaufen eine Herausforderung, Landsberg am Lech, verlag moderne industrie, 1994
- Schulz von Thun, Friedemann: Miteinander reden, Hamburg, Rowohlt- Verlag, 1981
- Vroon, Piet: Drei Hirne im Kopf, Kreuz-Verlag, Zürich, 1993
- Walsch, Neal-Donald: Gespräche mit Gott, Band 2, Goldmann Verlag, 2008
- Watzlawick, Paul: Menschliche Kommunikation, Göttingen, Huber-Verlag, 1969

Impressum

Paul Reinhold Linn

Strategisch Möbel verkaufen II - Das Genius Konzept®

Plausibel und einfach – genial im Ergebnis

1. Auflage 2010

ISBN 978-3-00-030872-7

© 2010 by Linn Seminare, D-51467 Bergisch Gladbach

Internet: www.linn-seminare.de

Verlag: Linn Seminare, D-51467 Bergisch Gladbach
Grafiken: Monika Linn, D-51467 Bergisch Gladbach
Satz und Layout: found-media.de, D-53804 Much
Bilder: Titel, Seite 1-3, 54, 68 © arquiplay77 - Fotolia.com
          Seite 20, Foto © Gernot Krautberger - Fotolia.com
          Seite 97, 121 © A.Dreher - PIXELIO
          Seite 120, © W.-Broemme - PIXELIO
          Seite 84, 85, 115, 145 © rauch

Gemeinsam mehr Umsatz

Jetzt!Kredit

Sie wollen die zufriedensten Kunden und einfach mehr Umsatz? Entdecken Sie unsere innovativen Lösungen für Warenfinanzierung. Verkaufen Sie mehr und höherwertige Produkte und steigern Sie Ihre Erträge. Interesse?

Werden Sie unser Partner
www.jetztpartner.de oder
0 800 / 1 23 21 12 (kostenlos

Hanseatic Bank